L'Argent appelle l'Argent

investir intelligemment et atteindre
l'indépendance financière

Sommaire

Introduction
Pourquoi l'argent appelle l'argent ?
Comment tirer parti des investissements pour créer de la richesse

Chapitre 1 : Les bases de la gestion financière
1.1 Comprendre ses finances personnelles
1.2 Établir un budget et gérer ses dépenses
1.3 Gérer ses dettes et crédits
1.4 L'épargne d'urgence :
Un coussin financier indispensable
1.5 La psychologie de l'argent :
Transformer vos habitudes financières

Chapitre 2 : Investissements traditionnels
2.1 Introduction à la bourse
2.2 Les obligations : Un pilier de stabilité
2.3 Stratégies d'investissement à long terme
2.4 Diversification des investissements traditionnels
2.5 Comment choisir des actions et obligations

Chapitre 3 : L'immobilier comme outil de création de richesse

3.1 Pourquoi l'immobilier est une stratégie solide
3.2 Investissement locatif vs revente (houseflipping)
3.3 Comment évaluer un bien immobilier
3.4 L'effet de levier dans l'immobilier
3.5 Stratégies de financement immobilier
3.6 Crowdfunding immobilier et REITs

Chapitre 4 : Cryptomonnaies et nouvelles technologies

4.1 Introduction aux cryptomonnaies
4.2 Pourquoi investir dans les cryptomonnaies ?
4.3 Comment investir dans les cryptomonnaies ?
4.4 Les risques liés aux cryptomonnaies
4.5 L'avenir des cryptomonnaies et de la blockchain
4.6 Les défis futurs des cryptomonnaies

Chapitre 5 : Revenus passifs – Construire des flux de revenus durables

5.1 Qu'est-ce que le revenu passif ?
5.2 Différents types de revenus passifs
5.3 Comment mettre en place des flux de revenus passifs
5.4 Avantages et inconvénients des revenus passifs

Chapitre 6 : Stratégies d'investissement avancées

6.1 Utilisation de l'effet de levier avancé
6.2 Hedging ou la couverture du risque
6.3 Investissements en options et contrats à terme
6.4 Hedge funds, capital-investissement et private equity
6.5 Diversification avancée et gestion du risque

Chapitre 7 : La mentalité d'investisseur à long terme

7.1 L'importance de la patience dans l'investissement
7.2 Discipline et cohérence
7.3 La gestion des émotions dans l'investissement
7.4 La diversification à long terme
7.5 S'adapter aux changements économiques

Conclusion :
Maintenir une vision à long terme pour un succès financier durable

Introduction : Comprendre la dynamique de l'argent

L'argent, dans l'imaginaire collectif, est souvent perçu comme un objectif final : un symbole de réussite, de stabilité ou de luxe. Mais dans la réalité de l'investissement et de la gestion financière, l'argent est bien plus qu'un simple moyen d'acheter des biens ou de vivre confortablement. C'est un outil puissant, capable de générer encore plus d'argent lorsqu'il est utilisé correctement. L'expression "l'argent appelle l'argent" illustre ce principe : le capital, s'il est investi intelligemment, peut croître de manière exponentielle, créant ainsi des opportunités que l'on ne soupçonne pas au départ.

L'objectif de ce livre est de vous enseigner les méthodes et stratégies qui vous permettront de comprendre comment faire fructifier votre argent, d'investir efficacement, et de bâtir une richesse durable. Que vous soyez novice en finance ou que vous ayez déjà une certaine expérience, ce livre vous guidera pas à pas à travers les différents aspects de la création de richesse : des bases de la gestion financière aux stratégies d'investissement les plus avancées, en passant par les investissements traditionnels comme l'immobilier et les cryptomonnaies, jusqu'à la création de revenus passifs.

L'importance de la gestion financière

La gestion de l'argent est à la base de toute stratégie d'investissement. Même les investisseurs les plus expérimentés ne peuvent prospérer sans une gestion rigoureuse de leurs finances. Avant de penser à investir ou à spéculer, il est crucial d'acquérir une compréhension solide de vos finances personnelles : d'où vient votre argent, où il va, et comment vous pouvez optimiser vos dépenses pour dégager un capital à investir.

Beaucoup de personnes tombent dans le piège de croire qu'il faut être riche pour investir. Mais en réalité, tout le monde peut commencer à investir, même avec des sommes modestes. L'important est de comprendre comment fonctionne l'argent, comment gérer ses ressources et comment investir judicieusement. C'est cette gestion rigoureuse qui permettra de maximiser votre capital, quelles que soient vos circonstances actuelles.

La psychologie de l'argent

L'une des premières barrières à surmonter lorsqu'il s'agit de gestion financière est la psychologie de l'argent. Nos habitudes, nos peurs, et notre rapport à l'argent influencent profondément la manière dont nous le gérons. Beaucoup de gens ont tendance à fuir les discussions sur l'argent, soit par manque de confiance, soit par peur de l'échec financier. Mais pour construire une véritable richesse, il est essentiel de faire face à ces peurs et de développer une mentalité de croissance.

La gestion de l'argent est une question d'éducation et de discipline. Il ne s'agit pas seulement de savoir où placer son argent, mais aussi de comprendre les raisons derrière nos choix financiers. Pourquoi dépenser de l'argent impulsivement ? Pourquoi remettre à plus tard la gestion de nos finances ? La clé du succès financier réside dans la maîtrise de soi et dans la capacité à prendre des décisions éclairées plutôt qu'émotionnelles.

Comment l'argent peut générer de l'argent

L'idée que "l'argent appelle l'argent" repose sur un principe fondamental : plus vous avez de capital à investir, plus vous pouvez générer de revenus. Ce concept, appelé capitalisation ou effet boule de neige, fonctionne grâce à l'intérêt composé, qui permet à l'argent de croître de manière exponentielle sur une longue période.

Prenons l'exemple simple d'un investissement de 10 000 € avec un rendement annuel de 7 %. À la fin de la première année, votre investissement vaudra 10 700 €. L'année suivante, ce ne sera pas seulement les 10 000 € d'origine qui généreront des rendements, mais aussi les 700 € de gains de l'année précédente. Ainsi, au bout de 10 ans, votre investissement pourrait presque doubler, sans que vous n'ayez ajouté d'argent supplémentaire.

Ce principe est l'un des fondements de l'investissement à long terme. En comprenant comment utiliser l'intérêt composé et en investissant régulièrement, même de petites sommes peuvent se transformer en une fortune significative au fil des années. Ce livre vous apprendra comment mettre en place des stratégies d'investissement qui tirent parti de ce principe, que ce soit dans l'immobilier, les actions, les obligations, ou encore les cryptomonnaies.

Ce que vous apprendrez dans ce livre

Chaque chapitre de ce livre est conçu pour vous donner des outils pratiques et des stratégies éprouvées que vous pourrez appliquer immédiatement dans votre vie. Nous commencerons par les bases : comment évaluer votre situation financière, comment établir un budget et comment éliminer vos dettes. Ensuite, nous aborderons les différents types d'investissements, en vous expliquant comment choisir les actifs qui correspondent le mieux à vos objectifs financiers et à votre tolérance au risque.

Vous découvrirez également des stratégies avancées, comme l'effet de levier et la gestion du risque, qui vous permettront d'optimiser vos rendements et de protéger votre capital. Que vous souhaitiez investir dans l'immobilier, dans les cryptomonnaies, ou encore dans des entreprises, ce livre vous guidera tout au long du processus.

Mais avant tout, ce livre vise à vous aider à développer une mentalité d'investisseur. Une mentalité qui vous permettra non seulement de gagner de l'argent, mais aussi de gérer vos finances avec intelligence, de prendre des décisions éclairées et de bâtir une richesse durable.

Chapitre 1 : Les bases de la gestion financière personnelle

La première étape pour bâtir une richesse durable et faire fructifier votre argent consiste à avoir une base solide en matière de gestion financière personnelle. Avant d'investir ou de chercher à faire croître votre capital, il est essentiel de comprendre où vous en êtes financièrement, comment vous gérez vos revenus, vos dépenses, et vos dettes. Trop souvent, les gens sautent cette étape cruciale et se retrouvent face à des difficultés financières en cours de route, non pas parce qu'ils ont mal investi, mais parce qu'ils ne maîtrisaient pas bien leurs finances personnelles.

Dans ce chapitre, nous allons explorer les différentes étapes pour évaluer votre situation financière actuelle, créer un budget, gérer et éliminer les dettes, constituer un fonds d'urgence, et comprendre la psychologie de l'argent. Ces concepts, bien qu'essentiels, sont parfois négligés, mais ils constituent le fondement sur lequel toute stratégie d'investissement doit être construite.

1.1 Évaluer sa situation financière actuelle

Avant de vous lancer dans l'investissement, vous devez avoir une vue claire et précise de votre situation financière actuelle. Cela inclut une analyse détaillée de vos revenus, de vos dépenses, de vos dettes et de vos actifs.

Revenus

Le point de départ de toute évaluation financière est de comprendre vos sources de revenus. Cela ne signifie pas seulement votre salaire, mais également tout autre flux de revenus comme les bonus, les commissions, les revenus locatifs, les intérêts sur les comptes d'épargne, et toute autre forme de revenu.

- Salaire : Quel est votre revenu mensuel ou annuel net après impôts ? Connaître ce montant est essentiel pour planifier vos dépenses et vos investissements.
- Autres sources de revenus : Avez-vous d'autres sources de revenus ? Par exemple, des revenus d'investissements passés ou de petits boulots annexes ?

Une fois que vous avez identifié toutes vos sources de revenus, vous devez les comparer à vos dépenses pour déterminer combien vous pouvez réellement épargner et investir chaque mois.

Dépenses

Ensuite, vous devez analyser vos dépenses. Beaucoup de gens sous-estiment leurs dépenses réelles parce qu'ils ne tiennent pas compte de toutes les petites dépenses quotidiennes, comme les cafés, les repas à l'extérieur, ou les abonnements numériques. Pour une évaluation précise, divisez vos dépenses en plusieurs catégories :

1. Dépenses fixes : Ce sont des dépenses récurrentes et prévisibles comme le loyer, le remboursement de prêt immobilier, les assurances, les abonnements téléphoniques, les factures d'électricité, etc.
2. Dépenses variables : Ce sont des dépenses qui fluctuent chaque mois, comme les courses alimentaires, l'essence, les loisirs, et les sorties.
3. Dépenses occasionnelles : Il est important de prévoir des dépenses imprévues, comme les réparations de voiture, les frais médicaux, ou des événements spéciaux (anniversaires, vacances, etc.).

Une fois que vous avez une vue d'ensemble de vos dépenses, comparez-les à vos revenus. Si vous dépensez plus que ce que vous gagnez, cela signifie que vous vivez au-dessus de vos moyens et que vous risquez de vous endetter davantage. Si vous avez un excédent, cela signifie que vous avez une marge de manœuvre pour épargner et investir.

Dettes

L'évaluation de votre situation financière ne serait pas complète sans prendre en compte vos dettes. Les dettes sont souvent le plus grand obstacle à la liberté financière. Cartes de crédit, prêts étudiants, prêts immobiliers, prêts personnels – il est crucial de connaître le montant total de vos dettes et les taux d'intérêt associés.

- Taux d'intérêt élevé : Si vous avez des dettes avec des taux d'intérêt élevés, comme des cartes de crédit, ces dettes doivent être remboursées en priorité. Les taux d'intérêt élevés peuvent rapidement accumuler des intérêts composés qui grèvent vos finances.
- Calendrier de remboursement : Faites une liste de toutes vos dettes avec les montants restants et les dates de paiement. Cela vous permettra de structurer un plan de remboursement efficace.

Actifs

Enfin, vous devez évaluer vos actifs. Ce sont les biens et ressources que vous possédez et qui ont de la valeur. Les actifs comprennent les biens immobiliers, les comptes d'épargne, les investissements boursiers, les fonds de pension, et tout autre bien financier ou physique ayant de la valeur.

- Actifs liquides : Les actifs liquides sont ceux que vous pouvez rapidement convertir en espèces, comme l'argent dans vos comptes bancaires, les actions ou les obligations.
- Actifs non liquides : Les actifs non liquides sont des biens que vous ne pouvez pas facilement vendre sans subir une perte de valeur importante, comme des biens immobiliers ou des objets de collection.

Une fois que vous avez une vue d'ensemble de vos revenus, dépenses, dettes et actifs, vous pouvez commencer à élaborer un plan financier solide.

1.2 Créer un budget efficace

Un budget est un plan détaillé qui vous permet de gérer vos finances en allouant vos ressources de manière stratégique. En suivant un budget, vous pouvez contrôler vos dépenses, épargner pour l'avenir et dégager un capital à investir.

Les avantages d'un budget

Le principal avantage d'un budget est qu'il vous donne une vue claire de votre situation financière et vous aide à prendre des décisions éclairées concernant vos finances. Avec un budget, vous pouvez :

- Fixer des objectifs financiers : Vous pouvez établir des priorités pour vos finances, comme rembourser vos dettes, épargner pour un projet spécifique, ou constituer un capital d'investissement.
- Réduire les dépenses inutiles : Un budget vous permet de repérer les domaines où vous dépensez trop, afin de réaffecter cet argent vers des dépenses plus importantes ou vers l'épargne.
- Maximiser l'épargne : En fixant un montant précis à épargner chaque mois, vous pouvez augmenter progressivement votre capital disponible pour investir.

Comment établir un budget ?

Il existe différentes méthodes pour établir un budget, mais l'une des plus populaires est la méthode des 50/30/20, qui divise vos revenus en trois catégories :

- 50 % pour les besoins essentiels : Loyer, nourriture, transport, services publics, etc.
- 30 % pour les envies : Loisirs, sorties, vacances, shopping, etc.
- 20 % pour l'épargne et le remboursement des dettes : Cela inclut l'épargne d'urgence, les investissements et le remboursement des dettes à taux d'intérêt élevé.

Si vous avez des dettes importantes, vous voudrez peut-être ajuster cette répartition pour accorder plus de poids au remboursement de la dette, en réduisant temporairement les dépenses non essentielles.

Automatiser ses finances

Un des meilleurs moyens de respecter votre budget est de mettre vos finances en pilote automatique. Configurez des virements automatiques vers votre compte d'épargne ou votre compte d'investissement dès que vous recevez votre salaire. De cette façon, vous êtes sûr que l'argent est mis de côté avant que vous ne soyez tenté de le dépenser.

Suivi et ajustement du budget

Votre budget n'est pas gravé dans le marbre. Il est important de le réévaluer régulièrement pour vous assurer qu'il correspond toujours à vos objectifs et à vos besoins. Par exemple, si vous obtenez une augmentation de salaire, vous pouvez ajuster vos objectifs d'épargne ou augmenter votre capacité d'investissement.

1.3 Gérer et éliminer les dettes

Les dettes, en particulier celles à taux d'intérêt élevé, peuvent être un frein important à la création de richesse. Si vous avez des dettes, il est essentiel de les rembourser avant de pouvoir pleinement vous concentrer sur l'investissement et la croissance de votre patrimoine. Voici quelques stratégies pour vous aider à éliminer vos dettes rapidement et efficacement.

La méthode boule de neige

La méthode boule de neige est une technique populaire de remboursement de la dette. Elle consiste à concentrer tous vos efforts sur le remboursement de la plus petite dette d'abord, tout en effectuant les paiements minimums sur vos autres dettes. Une fois la plus petite dette remboursée, vous passez à la suivante, et ainsi de suite. L'idée est de créer un élan psychologique en voyant vos dettes disparaître une à une.

La méthode avalanche

La méthode avalanche est une autre stratégie de remboursement de la dette. Cette méthode consiste à rembourser d'abord les dettes avec les taux d'intérêt les plus élevés. Cela vous permet de réduire plus rapidement le coût total de vos dettes en minimisant les intérêts payés. Cette méthode est mathématiquement plus efficace, mais elle peut être moins motivante sur le plan psychologique car vous ne verrez pas forcément de résultats immédiats.

Consolidation de dettes

Si vous avez plusieurs dettes avec des taux d'intérêt élevés, il peut être judicieux de consolider vos dettes. Cela consiste à regrouper toutes vos dettes en un seul prêt avec un taux d'intérêt plus bas. Cela simplifie la gestion des paiements et vous permet de réduire les coûts globaux des intérêts.

Négocier avec les créanciers

Dans certains cas, vous pouvez négocier avec vos créanciers pour obtenir des conditions plus favorables, comme une réduction du taux d'intérêt ou un rééchelonnement des paiements. Les créanciers préfèrent souvent collaborer avec les emprunteurs plutôt que de les voir faire défaut sur leurs paiements.

1.4 L'épargne d'urgence : Un coussin financier indispensable

Avant de penser à investir, il est crucial de constituer un fonds d'urgence. Ce fonds vous permet de faire face aux imprévus sans avoir à puiser dans vos investissements ou à contracter de nouvelles dettes.

Pourquoi un fonds d'urgence est-il nécessaire ?

Les imprévus financiers, comme une perte d'emploi, une panne de voiture ou des frais médicaux inattendus, peuvent survenir à tout moment. Si vous n'avez pas de fonds d'urgence, vous pourriez être obligé de recourir à des cartes de crédit ou à des prêts à taux élevé pour couvrir ces dépenses, ce qui compromettrait vos efforts de création de richesse.

Combien devez-vous épargner dans un fonds d'urgence ?

La règle générale est de mettre de côté l'équivalent de trois à six mois de dépenses courantes dans un compte d'épargne facilement accessible. Cela vous donne une marge de sécurité en cas de coup dur financier.

Où placer votre fonds d'urgence ?

Votre fonds d'urgence doit être placé dans un compte liquide et sécurisé, comme un compte d'épargne ou un compte du marché monétaire. L'objectif n'est pas de gagner des rendements élevés avec ce fonds, mais de s'assurer que vous pouvez y accéder rapidement et sans risque.

1.5 La psychologie de l'argent : Transformer vos habitudes financières

Enfin, l'un des aspects les plus importants de la gestion financière est la psychologie de l'argent. Nos croyances et habitudes vis-à-vis de l'argent influencent profondément notre comportement financier. Pour réussir financièrement, il est souvent nécessaire de repenser notre relation avec l'argent.

Gratification immédiate vs. investissement à long terme

Beaucoup de gens sont attirés par la gratification immédiate – acheter des biens ou des services qui apportent une satisfaction instantanée. Cependant, pour bâtir une richesse durable, il est essentiel de réorienter cette mentalité vers l'investissement à long terme.

- Exemple : Au lieu de dépenser de l'argent pour des achats impulsifs, pensez à l'investir. Chaque euro que vous dépensez aujourd'hui pourrait être un euro qui génère des rendements à l'avenir. Si vous investissez 100 € avec un rendement annuel de 7 %, cet argent pourrait doubler en dix ans.

Surmonter la peur de l'investissement

De nombreuses personnes ont peur d'investir, soit par manque de connaissances, soit par peur de perdre de l'argent. Cependant, l'investissement est l'un des moyens les plus efficaces de faire fructifier son capital. Pour surmonter cette peur, il est important de commencer petit, d'acquérir des connaissances et d'apprendre à gérer le risque.

Changer votre rapport à l'argent

Changer votre mentalité envers l'argent est un processus progressif. Il s'agit de comprendre que l'argent est un outil pour atteindre vos objectifs, et non une fin en soi. En développant des habitudes financières positives, comme l'épargne régulière, la gestion des dépenses et l'investissement, vous pouvez transformer votre relation avec l'argent et bâtir une richesse à long terme.

Chapitre 2 : Investissements traditionnels

Une fois que vous avez solidement établi les bases de votre gestion financière personnelle, il est temps de commencer à faire travailler votre argent pour vous. Les investissements traditionnels offrent des options éprouvées pour faire croître votre capital au fil du temps. Ce chapitre se concentre sur les différents types d'investissements traditionnels, tels que la bourse, les obligations, et les stratégies à long terme, tout en explorant la diversification des portefeuilles et l'analyse des actifs.

Contrairement à certaines nouvelles formes d'investissements, comme les cryptomonnaies, les investissements traditionnels sont bien documentés et ont fait leurs preuves sur le long terme. Ils constituent une base solide pour tout investisseur qui cherche à construire un portefeuille durable.

2.1 Introduction à la bourse

La bourse est l'un des moyens les plus populaires et les plus accessibles pour investir son argent et réaliser des gains sur le long terme. Lorsque vous achetez des actions d'une société, vous devenez en quelque sorte propriétaire d'une partie de cette entreprise. Le prix des actions fluctue en fonction de la performance de l'entreprise, de l'économie, et de l'offre et la demande sur le marché boursier.

Pourquoi investir en bourse ?

La bourse a historiquement offert des rendements supérieurs à de nombreux autres types d'investissement, comme les obligations ou les comptes d'épargne. Bien sûr, cela implique un risque plus élevé, mais sur le long terme, le marché boursier a tendance à croître. Voici quelques raisons pour lesquelles de nombreux investisseurs choisissent la bourse :

- Potentiel de croissance : Certaines actions peuvent offrir des rendements spectaculaires, surtout dans les entreprises en forte croissance. Par exemple, les investisseurs qui ont acheté des actions d'Apple ou d'Amazon dans leurs premières années ont vu leur investissement croître de manière exponentielle.

- Dividendes : Certaines sociétés distribuent une partie de leurs bénéfices sous forme de dividendes à leurs actionnaires. Cela permet de générer des revenus réguliers, même si le prix des actions reste stable.
- Liquidité : Contrairement à des investissements comme l'immobilier, les actions peuvent être achetées et vendues rapidement. Cela permet aux investisseurs de réagir aux fluctuations du marché ou à leurs besoins financiers personnels.

Les types d'actions

Il est important de comprendre les différents types d'actions pour construire un portefeuille équilibré. Voici les principales catégories :

- Actions ordinaires : Ce sont les actions les plus courantes. Lorsque vous possédez des actions ordinaires, vous avez le droit de vote lors des assemblées générales de l'entreprise et vous recevez des dividendes si la société en verse.
- Actions préférentielles : Ces actions donnent droit à des dividendes fixes, souvent plus élevés que les actions ordinaires, mais elles ne confèrent généralement pas de droit de vote.
- Actions de croissance : Ces actions appartiennent à des entreprises qui réinvestissent leurs bénéfices pour croître rapidement. Elles ne versent pas nécessairement de dividendes, mais leur valeur augmente souvent plus rapidement que celle des entreprises plus établies.

- Actions à dividendes : Ce sont des actions d'entreprises stables qui versent régulièrement des dividendes à leurs actionnaires. Elles sont idéales pour les investisseurs qui cherchent des revenus réguliers plutôt que des gains en capital.

Stratégies d'investissement en bourse

Lorsque vous investissez en bourse, il existe plusieurs stratégies que vous pouvez adopter en fonction de votre tolérance au risque, de vos objectifs financiers et de votre horizon temporel.

1. Investissement à long terme : Cette stratégie consiste à acheter des actions de qualité et à les conserver sur une longue période. Les investisseurs à long terme ne se laissent pas influencer par les fluctuations quotidiennes du marché. Leur objectif est de profiter de la croissance à long terme de l'entreprise.
2. Investissement passif : Les fonds indiciels et les ETF (fonds négociés en bourse) sont des moyens populaires d'investir de manière passive. Ces fonds répliquent la performance d'un indice de marché, comme le S&P 500, et offrent une diversification instantanée avec des frais de gestion faibles.
3. Le dollar cost averaging : Cette méthode consiste à investir une somme fixe à intervalles réguliers (par exemple, chaque mois), peu importe les fluctuations du marché. Cela permet de lisser les coûts d'achat des actions dans le temps.

2.2 Les obligations : Un pilier de stabilité

Les obligations sont un autre type d'investissement traditionnel qui joue un rôle clé dans la construction d'un portefeuille équilibré. Contrairement aux actions, qui représentent une part de propriété dans une entreprise, les obligations sont des titres de créance. Lorsque vous achetez une obligation, vous prêtez de l'argent à une entreprise ou à un gouvernement en échange de paiements d'intérêts réguliers (appelés coupons) et du remboursement du principal à l'échéance.

Pourquoi investir dans des obligations ?

Les obligations sont considérées comme des investissements moins risqués que les actions, car elles offrent des flux de revenus réguliers et sont souvent remboursées à leur valeur nominale à l'échéance. Voici quelques avantages des obligations :

• Stabilité des revenus : Les obligations offrent des paiements d'intérêts réguliers, ce qui les rend attrayantes pour les investisseurs à la recherche de revenus fixes.
• Moins de volatilité : En général, les obligations sont moins volatiles que les actions. Leur valeur tend à fluctuer moins, ce qui en fait un bon complément à un portefeuille axé sur la stabilité.

- Diversification : En incluant des obligations dans votre portefeuille, vous réduisez la volatilité globale et vous protégez contre les baisses des marchés boursiers.

Types d'obligations

Il existe plusieurs types d'obligations, chacune ayant ses propres caractéristiques et niveaux de risque :

1. Obligations d'État : Ce sont des obligations émises par des gouvernements. Elles sont considérées comme l'une des formes d'investissement les plus sûres, car il est peu probable qu'un gouvernement fasse faillite (bien que cela puisse arriver). Par exemple, les obligations du Trésor américain sont souvent utilisées comme une référence pour les investisseurs recherchant une sécurité maximale.
2. Obligations d'entreprise : Ces obligations sont émises par des entreprises pour financer leurs activités. Elles offrent généralement des rendements plus élevés que les obligations d'État, mais elles comportent un risque plus élevé, surtout si l'entreprise traverse des difficultés financières.
3. Obligations municipales : Ces obligations sont émises par des gouvernements locaux ou régionaux pour financer des projets publics. Elles offrent souvent des avantages fiscaux, comme des exonérations d'impôts sur les intérêts.

Comment les obligations fonctionnent-elles ?

Lorsque vous achetez une obligation, vous prêtez essentiellement de l'argent à l'émetteur (gouvernement, entreprise, etc.). En retour, l'émetteur s'engage à vous verser des intérêts à intervalles réguliers, généralement semestriellement ou annuellement, pendant toute la durée de l'obligation. À la fin de la période, à l'échéance, l'émetteur vous rembourse la somme initialement prêtée, appelée le principal.

- Rendement obligataire : Le rendement d'une obligation est généralement lié à son taux d'intérêt nominal (le coupon) et à son prix d'achat. Si vous achetez une obligation à sa valeur nominale, votre rendement sera égal au taux d'intérêt du coupon. Cependant, si vous achetez une obligation à un prix supérieur ou inférieur à sa valeur nominale, votre rendement réel sera différent.
- Obligations à taux fixe vs. obligations à taux variable : Les obligations à taux fixe versent un taux d'intérêt constant tout au long de la durée de vie de l'obligation, tandis que les obligations à taux variable ajustent leur taux en fonction des conditions du marché, offrant une protection contre les hausses des taux d'intérêt.

2.3 Stratégies d'investissement à long terme

Les investissements à long terme sont la clé de la création de richesse durable. Contrairement aux stratégies de court terme, qui consistent souvent à tirer parti des fluctuations du marché, l'investissement à long terme se concentre sur la croissance lente et régulière d'un portefeuille sur plusieurs décennies. Voici quelques-unes des stratégies les plus courantes pour les investisseurs à long terme.

Buy and Hold (Acheter et conserver)

La stratégie buy and hold est l'une des plus simples et des plus efficaces pour les investisseurs à long terme. Elle consiste à acheter des actifs de qualité (comme des actions, des obligations ou des fonds indiciels) et à les conserver pendant une longue période, sans prêter attention aux fluctuations à court terme du marché.

- Exemple : Warren Buffett, l'un des investisseurs les plus célèbres au monde, est un adepte de la stratégie buy and hold. Il investit dans des entreprises solides avec un avantage compétitif durable, comme Coca-Cola ou American Express, et les conserve pendant des décennies.

Réinvestissement des dividendes

Le réinvestissement des dividendes est une autre stratégie puissante pour les investisseurs à long terme. Au lieu de retirer les dividendes versés par vos actions, vous les réinvestissez pour acheter plus d'actions. Cela crée un effet boule de neige où votre portefeuille croît de manière exponentielle.

- Exemple : Si vous possédez des actions d'une entreprise qui verse des dividendes annuels de 3 % et que vous réinvestissez ces dividendes, vous augmentez la quantité d'actions que vous possédez, ce qui augmente à son tour les dividendes que vous recevez chaque année.

Diversification à long terme

La diversification est essentielle pour réduire les risques dans un portefeuille d'investissement à long terme. Il s'agit de répartir vos investissements entre plusieurs catégories d'actifs (actions, obligations, immobilier, etc.) et secteurs économiques pour éviter d'être trop exposé à un seul risque.

- Exemple de diversification sectorielle : Au lieu de concentrer tous vos investissements dans le secteur technologique, vous pourriez répartir vos actifs entre des secteurs différents comme la santé, l'énergie, la finance, et la consommation courante. Cela permet de réduire le risque lié à une crise sectorielle spécifique.

2.4 La diversification des investissements traditionnels

La diversification est une stratégie clé pour tout investisseur, qu'il soit novice ou expérimenté. Diversifier signifie répartir ses investissements entre différents types d'actifs et secteurs afin de réduire le risque global du portefeuille.

Pourquoi la diversification est-elle importante ?

Le principal avantage de la diversification est qu'elle réduit l'impact négatif qu'une mauvaise performance d'un investissement peut avoir sur votre portefeuille global. Si un actif chute, les autres actifs peuvent compenser ces pertes. La diversification permet également d'accéder à un large éventail de marchés, augmentant ainsi vos chances de capturer des opportunités de croissance.

Diversification par secteur

Chaque secteur économique (technologie, santé, finance, etc.) réagit différemment aux événements économiques et aux cycles de marché. Par exemple, le secteur technologique peut connaître des rendements importants lors des périodes de croissance économique, tandis que le secteur de la consommation courante peut rester stable pendant une récession.

- Exemple : Un portefeuille qui investit uniquement dans la technologie pourrait être très volatile, mais en ajoutant des actions d'entreprises dans des secteurs plus stables (comme l'énergie ou la consommation de base), vous réduisez ce risque.

Diversification géographique

La diversification géographique consiste à investir dans des entreprises et des obligations dans plusieurs pays et régions. Cela permet de protéger votre portefeuille contre les risques spécifiques à un pays, comme une récession, une crise politique, ou une dévaluation monétaire.

- Exemple : Investir dans des actions américaines, européennes et asiatiques vous permet de profiter de la croissance des différentes économies, tout en réduisant votre exposition aux risques d'une seule région.

2.5 Comment choisir des actions et obligations

Le choix des actions et des obligations à inclure dans votre portefeuille dépend de plusieurs facteurs, notamment vos objectifs financiers, votre tolérance au risque, et votre horizon temporel. Voici quelques conseils pour vous aider à choisir les bons investissements.

Analyser les fondamentaux des actions

Lorsque vous choisissez des actions, il est essentiel de regarder les fondamentaux de l'entreprise. Cela inclut son chiffre d'affaires, son bénéfice net, sa dette, sa position concurrentielle, et ses perspectives de croissance future.

- **Ratios financiers clés** : Certains ratios financiers, comme le ratio cours/bénéfice (P/E), le rendement des capitaux propres (ROE), et le ratio de dette sur fonds propres, peuvent vous donner une idée de la solidité financière de l'entreprise et de sa rentabilité.

Notations des obligations

Lorsque vous choisissez des obligations, il est important de regarder les notations de crédit attribuées par des agences comme Standard & Poor's, Moody's, ou Fitch. Ces notations indiquent le niveau de risque associé à une obligation.

- **Obligations AAA** : Ce sont les obligations les mieux notées, offrant une sécurité maximale.
- **Obligations à haut rendement** : Ces obligations offrent des rendements plus élevés, mais elles comportent également un risque plus élevé de défaut de paiement.

Chapitre 3 : L'immobilier comme outil de création de richesse

L'immobilier est l'un des piliers les plus solides et éprouvés pour créer une richesse durable. Contrairement aux actions ou aux cryptomonnaies, les actifs immobiliers sont tangibles et offrent plusieurs avenues pour générer des rendements, que ce soit par la location, la revente, ou simplement par l'appréciation du bien immobilier au fil du temps. L'immobilier présente également l'avantage de permettre aux investisseurs de tirer parti de l'effet de levier, en utilisant de l'argent emprunté pour maximiser leurs rendements. Dans ce chapitre, nous allons explorer pourquoi l'immobilier est une stratégie d'investissement solide, les différentes manières d'investir dans ce secteur, et les meilleures stratégies pour maximiser vos gains tout en minimisant les risques.

3.1 Pourquoi l'immobilier est une stratégie solide

L'immobilier est une stratégie d'investissement éprouvée pour plusieurs raisons. Contrairement à d'autres classes d'actifs, comme les actions, les obligations ou les cryptomonnaies, l'immobilier est tangible et a une valeur intrinsèque qui repose sur l'offre et la demande de logements. De plus, l'immobilier permet de générer des revenus passifs réguliers grâce aux loyers, tout en profitant de l'appréciation à long terme des biens. Voici quelques raisons clés pour lesquelles l'immobilier est souvent considéré comme l'un des moyens les plus solides pour créer et faire fructifier une fortune.

Appréciation à long terme

L'une des principales raisons d'investir dans l'immobilier est le potentiel de croissance du capital à long terme. En général, les biens immobiliers tendent à augmenter de valeur au fil du temps, surtout dans des zones où la demande est forte et l'offre limitée. Bien qu'il y ait des fluctuations à court terme dans les prix de l'immobilier, les investisseurs qui conservent leurs biens pendant plusieurs années ou décennies ont tendance à voir une appréciation significative.

- Exemple : Une propriété achetée pour 300 000 € dans une ville en pleine croissance peut valoir 500 000 € ou plus après 10 ou 15 ans de hausse des prix. L'appréciation du capital est l'un des moteurs principaux des gains à long terme dans l'immobilier.

Revenus passifs et cash-flow

L'immobilier est également une excellente source de revenus passifs grâce aux loyers perçus des locataires. Que vous investissiez dans des biens résidentiels ou commerciaux, vous pouvez générer des flux de trésorerie réguliers en louant votre propriété. Ces revenus locatifs peuvent non seulement couvrir les paiements hypothécaires et les dépenses liées à la gestion de la propriété, mais ils peuvent également constituer un revenu supplémentaire, surtout si vous avez un cash-flow positif.

• Cash-flow positif : Si les loyers que vous percevez sont supérieurs aux dépenses que vous devez supporter (comme le remboursement du prêt, les taxes et l'entretien), vous bénéficiez d'un cash-flow positif. Ce flux de trésorerie supplémentaire peut être utilisé pour réinvestir dans d'autres propriétés ou renforcer votre épargne.

Diversification du portefeuille

Investir dans l'immobilier permet également de diversifier votre portefeuille d'investissements. Contrairement aux actions ou aux obligations, les biens immobiliers ne sont pas aussi sensibles aux fluctuations des marchés financiers. En incluant des biens immobiliers dans votre portefeuille, vous pouvez réduire la volatilité globale et protéger votre capital contre les baisses des marchés boursiers.

Utilisation de l'effet de levier

L'immobilier est l'un des rares investissements qui permettent aux investisseurs de tirer parti de l'effet de levier, c'est-à-dire d'emprunter une grande partie du capital nécessaire à l'achat d'un bien. Cela permet aux investisseurs d'acquérir des actifs plus importants que ce qu'ils auraient pu acheter uniquement avec leur propre argent. Si le marché est favorable, l'effet de levier peut multiplier vos rendements, car vous bénéficiez de l'appréciation sur la totalité du bien immobilier, même si vous n'avez financé qu'une partie de celui-ci.

- Exemple d'effet de levier : Si vous achetez une propriété pour 300 000 € avec 20 % d'acompte (60 000 €) et un emprunt de 240 000 €, et que la propriété prend 10 % de valeur (soit 30 000 €), vous avez réalisé un gain de 50 % sur votre investissement initial de 60 000 €.

Protection contre l'inflation

L'immobilier est souvent considéré comme un refuge contre l'inflation. En période d'inflation, le pouvoir d'achat des monnaies diminue, mais la valeur des actifs immobiliers a tendance à augmenter, tout comme les loyers. Ainsi, investir dans l'immobilier peut protéger votre patrimoine contre l'érosion du pouvoir d'achat.

3.2 Investissement locatif vs revente (house flipping)

Il existe plusieurs stratégies pour investir dans l'immobilier, mais les deux plus populaires sont l'investissement locatif et l'achat-revente (house flipping). Chaque stratégie a ses avantages et ses inconvénients, et la meilleure option pour vous dépendra de vos objectifs financiers et de votre tolérance au risque.

Investissement locatif

L'investissement locatif consiste à acheter un bien immobilier dans le but de le louer à des locataires. Cette stratégie est axée sur le long terme, avec pour objectif de générer des revenus passifs tout en profitant de l'appréciation du bien immobilier. L'avantage principal de l'investissement locatif est la possibilité de percevoir des revenus réguliers sous forme de loyers, qui peuvent couvrir les coûts liés à l'entretien de la propriété et au remboursement du prêt.

- Avantages :
- Revenus passifs : Les loyers perçus chaque mois fournissent un revenu stable qui peut couvrir vos dépenses et générer des profits.
- Appréciation à long terme : En conservant votre bien pendant plusieurs années, vous bénéficiez également de l'augmentation de la valeur de la propriété, ce qui peut entraîner des gains importants lorsque vous décidez de la vendre.
- Avantages fiscaux : Dans certains pays, vous pouvez bénéficier de déductions fiscales sur les intérêts d'emprunt, les taxes foncières, et les dépenses d'entretien.

- Inconvénients :
- Gestion des locataires : La gestion d'une propriété locative peut être chronophage et stressante, surtout si vous avez des locataires problématiques ou si des réparations doivent être effectuées.
- Vacances locatives : Si vous ne parvenez pas à trouver de locataires pour votre propriété, vous devrez couvrir les coûts (prêt, taxes, entretien) sans percevoir de revenus locatifs.

Achat-revente (house flipping)

L'achat-revente, ou house flipping, est une stratégie plus active et à court terme. Elle consiste à acheter une propriété, souvent à un prix inférieur à sa valeur marchande, à la rénover rapidement, puis à la revendre pour un profit. Cette stratégie peut générer des rendements rapides, mais elle comporte également des risques plus élevés que l'investissement locatif.

- Avantages :
- Gains rapides : Contrairement à l'investissement locatif, qui prend du temps pour générer des rendements, le house flipping permet de réaliser des profits en quelques mois.
- Création de valeur : En rénovant un bien immobilier, vous pouvez augmenter sa valeur bien au-delà du coût des rénovations, ce qui maximise le profit potentiel.

- Inconvénients :
- Risques élevés : Si les coûts de rénovation sont plus élevés que prévu ou si vous avez du mal à revendre la propriété, vous risquez de perdre de l'argent.
- Dépendance au marché : Le succès de la revente dépend largement des conditions du marché immobilier. Si les prix baissent ou si le bien reste invendu pendant une période prolongée, vos bénéfices pourraient en pâtir.

3.3 Comment évaluer un bien immobilier

L'une des compétences les plus importantes pour réussir dans l'immobilier est la capacité à évaluer correctement une propriété. Une bonne évaluation vous permet de déterminer si un bien est sous-évalué, surévalué, ou correctement évalué par rapport au marché. Voici quelques facteurs clés à prendre en compte lors de l'évaluation d'un bien immobilier.

Emplacement

Le facteur le plus important dans l'évaluation d'une propriété est son emplacement. Un bon emplacement signifie généralement une forte demande locative et une appréciation potentielle du bien. Voici quelques éléments à examiner lorsque vous évaluez l'emplacement d'une propriété :

- Proximité des commodités : Les biens proches des écoles, des commerces, des transports en commun, et des centres d'emploi sont généralement plus recherchés et se louent ou se vendent plus rapidement.
- Croissance économique locale : Investir dans des régions où l'économie est en croissance peut entraîner une augmentation de la demande pour des logements et, par conséquent, une hausse des prix de l'immobilier.
- Sécurité du quartier : Les quartiers sûrs attirent généralement des locataires à long terme, comme les familles ou les professionnels. Un quartier en déclin, en revanche, pourrait présenter un risque plus élevé de vacance locative.

Rentabilité locative

Si vous envisagez d'acheter un bien à des fins locatives, il est crucial de calculer la rentabilité locative. Cela vous permettra de déterminer si le bien génère suffisamment de revenus locatifs pour couvrir vos dépenses et offrir un rendement intéressant.

- Rentabilité brute : Il s'agit du ratio entre les loyers perçus et le prix d'achat de la propriété.

Par exemple, si vous achetez une propriété pour 200 000 € et que vous percevez 12 000 € de loyers par an, la rentabilité brute est de 6 %.

- **Rentabilité nette** : La rentabilité nette prend en compte les dépenses liées à la gestion de la propriété, telles que les taxes foncières, les assurances, et les coûts de maintenance. Elle est calculée de la manière suivante :

$$\text{Rentabilité nette} = \left(\frac{\text{Loyers annuels} - \text{Charges}}{\text{Prix d'achat}} \right) \times 100$$

État de la propriété

Il est essentiel d'évaluer l'état de la propriété avant de faire un achat, car des réparations ou des rénovations importantes peuvent affecter votre rentabilité.

- **Inspection immobilière** : Faites toujours appel à un inspecteur immobilier professionnel pour évaluer l'état du toit, de la plomberie, de l'électricité et des fondations. Les coûts de réparation doivent être intégrés dans votre budget global.
- **Potentiel de rénovation** : Parfois, une propriété nécessitant des rénovations peut être une bonne affaire, si les travaux augmentent de manière significative la valeur de la propriété ou permettent d'obtenir un loyer plus élevé.

3.4 L'effet de levier dans l'immobilier

L'un des aspects les plus attractifs de l'investissement immobilier est la possibilité d'utiliser l'effet de levier pour amplifier les rendements. L'effet de levier consiste à utiliser des fonds empruntés pour financer une partie de l'achat d'une propriété. En immobilier, cette stratégie est couramment appliquée à travers des prêts hypothécaires, où vous n'investissez qu'une fraction de la valeur de la propriété sous forme d'acompte, tout en bénéficiant des gains potentiels sur l'intégralité du bien. Bien que l'effet de levier puisse multiplier vos profits, il peut aussi amplifier les pertes si la gestion de l'investissement est mal effectuée.

Comment fonctionne l'effet de levier dans l'immobilier ?

L'effet de levier dans l'immobilier repose sur le principe d'emprunter une partie du capital nécessaire à l'acquisition d'une propriété tout en en possédant la totalité. Vous versez un apport initial (acompte) et financez le reste de l'achat via un prêt. Ensuite, vous bénéficiez de l'appréciation de la totalité de la valeur de la propriété, même si vous n'avez initialement investi qu'une fraction du montant.

- Exemple d'effet de levier : Imaginons que vous achetiez une propriété d'une valeur de 300 000 €, avec un apport de 20 % (60 000 €) et un prêt hypothécaire pour couvrir le reste. Si la valeur de la propriété augmente de 10 % (soit 30 000 €), vous obtenez un rendement de 50 % sur votre apport initial, puisque vous avez réalisé un gain de 30 000 € sur un investissement initial de 60 000 €.

Les avantages de l'effet de levier immobilier

1. Augmentation du pouvoir d'achat : En empruntant de l'argent, vous pouvez acheter des biens plus chers que ce que vous pourriez financer avec vos propres fonds. Cela permet d'accéder à des investissements de plus grande envergure et potentiellement plus rentables.
2. Rendements amplifiés : Si la valeur de la propriété augmente, vous bénéficiez de la totalité de l'appréciation, même si vous n'avez investi qu'une fraction du capital. Cela permet de maximiser les gains avec un investissement initial relativement faible.
3. Revenus locatifs pour couvrir les paiements hypothécaires : Dans le cas d'une propriété locative, les loyers perçus peuvent être utilisés pour rembourser les mensualités du prêt. Idéalement, les revenus locatifs couvriront non seulement les coûts du prêt, mais aussi les autres charges (taxes, entretien, gestion), vous permettant ainsi de générer un cash-flow positif tout en profitant de l'appréciation du bien.

Les risques de l'effet de levier

L'effet de levier peut être extrêmement rentable, mais il comporte également des risques importants, car il augmente l'exposition aux pertes potentielles si le marché immobilier ne suit pas vos prévisions. Voici quelques-uns des principaux risques liés à l'utilisation de l'effet de levier dans l'immobilier :

1. Perte de valeur de la propriété : Si la valeur de la propriété diminue après l'achat, vous pourriez vous retrouver avec une dette plus importante que la valeur actuelle du bien. Cela peut créer une situation difficile, en particulier si vous devez vendre la propriété à perte.
2. Charges hypothécaires élevées : Si les loyers perçus sont insuffisants pour couvrir les mensualités du prêt, vous devrez compléter avec vos propres fonds pour ne pas être en défaut de paiement. Cette situation peut être encore plus complexe si la propriété connaît des périodes de vacance locative.
3. Augmentation des taux d'intérêt : Si vous avez contracté un prêt hypothécaire à taux variable, une augmentation des taux d'intérêt pourrait rendre les paiements mensuels plus coûteux et réduire la rentabilité de l'investissement. C'est un risque particulièrement pertinent en période de hausse des taux, comme on peut le voir dans les cycles économiques.

Comment utiliser l'effet de levier de manière responsable

Bien que l'effet de levier soit une stratégie puissante, il est essentiel de l'utiliser de manière prudente pour éviter les pièges qui pourraient vous exposer à des pertes. Voici quelques conseils pour tirer parti de l'effet de levier tout en limitant les risques :

- Investir dans des marchés stables : Optez pour des zones où la demande locative est forte et où les perspectives de croissance sont favorables. Des marchés stables réduisent le risque de vacance locative ou de chute des prix de l'immobilier.
- Taux d'endettement modéré : Limitez le montant que vous empruntez. Un ratio de prêt inférieur à 80 % de la valeur du bien est généralement considéré comme sûr. Cela vous permet de mieux absorber les chocs en cas de fluctuations du marché ou de pertes temporaires de revenus locatifs.
- Flux de trésorerie positif : Assurez-vous que les revenus locatifs générés par le bien immobilier couvrent non seulement les paiements hypothécaires, mais aussi toutes les dépenses courantes (entretien, gestion, taxes). Un cash-flow positif est essentiel pour supporter les périodes où le marché est plus difficile.
- Prévoir un fonds d'urgence : En cas de baisse imprévue des revenus locatifs ou d'une hausse des dépenses, il est crucial de disposer

d'un fonds d'urgence pour couvrir les paiements hypothécaires et autres charges. Cela vous évitera d'être obligé de vendre un bien immobilier à perte en période de difficultés.

3.5 Stratégies de financement immobilier

Le financement immobilier est un aspect fondamental pour maximiser les rendements dans ce domaine. La façon dont vous financez un investissement peut influencer directement sa rentabilité et son efficacité à long terme. L'une des raisons pour lesquelles l'immobilier est un outil si puissant pour créer de la richesse est que vous pouvez utiliser l'argent d'autres personnes pour financer vos projets, généralement sous la forme de prêts hypothécaires.

Prêt hypothécaire classique

Le prêt hypothécaire classique est la méthode la plus courante pour financer un achat immobilier. Il vous permet d'emprunter de l'argent à une banque ou à un prêteur pour financer l'achat d'une propriété. Le montant que vous pouvez emprunter dépend de votre apport initial, de vos revenus, de votre cote de crédit et des politiques du prêteur.

- Taux d'intérêt : Le taux d'intérêt d'un prêt hypothécaire peut être fixe ou variable. Un taux fixe signifie que vos paiements mensuels resteront constants tout au long de la durée du prêt. Un taux variable, en revanche, est susceptible d'augmenter ou de diminuer en fonction des fluctuations du marché, ce qui peut affecter le montant de vos paiements.
- Durée du prêt : Les prêts hypothécaires sont généralement remboursés sur une période de 15 à 30 ans. Plus la durée du prêt est longue, plus vos paiements mensuels seront faibles, mais cela signifie également que vous paierez plus d'intérêts à long terme.

Refinancement hypothécaire

Le refinancement hypothécaire consiste à remplacer votre prêt actuel par un nouveau prêt avec des conditions plus avantageuses. Cela peut inclure des taux d'intérêt plus bas, une durée de remboursement plus longue, ou même un passage d'un prêt à taux variable à un prêt à taux fixe pour réduire les risques futurs.

- Avantages du refinancement : Le refinancement peut permettre de réduire vos paiements mensuels ou d'obtenir un capital supplémentaire (grâce à l'appréciation de la propriété) pour réinvestir dans d'autres biens immobiliers ou pour financer des projets de rénovation.

Financement via des prêts privés

Si vous ne pouvez pas obtenir un prêt hypothécaire classique ou si vous avez besoin de financement rapidement, vous pouvez envisager de recourir à des prêteurs privés. Les prêts privés sont souvent plus flexibles que les prêts bancaires traditionnels, mais ils sont aussi plus coûteux, avec des taux d'intérêt plus élevés et des conditions de remboursement plus strictes.

- Avantages : Les prêts privés permettent d'accéder rapidement à des fonds, même si vous avez un historique de crédit moins favorable. Cela peut être utile pour des projets d'achat-revente où la rapidité d'exécution est essentielle.
- Inconvénients : Les coûts des prêts privés sont souvent plus élevés, et les périodes de remboursement plus courtes, ce qui augmente la pression pour revendre rapidement la propriété ou obtenir un autre financement pour rembourser le prêt.

3.6 Crowdfunding immobilier et REITs

Si vous ne souhaitez pas acheter et gérer directement des biens immobiliers, il existe d'autres façons d'investir dans l'immobilier de manière plus passive. Le crowdfunding immobilier et les REITs (Real Estate Investment Trusts) sont deux options populaires qui permettent d'investir dans des projets immobiliers sans avoir à en être directement propriétaire.

Crowdfunding immobilier

Le crowdfunding immobilier permet à plusieurs investisseurs de regrouper leurs fonds pour financer un projet immobilier, qu'il soit résidentiel, commercial, ou de développement. En investissant via des plateformes de crowdfunding, vous pouvez participer à des projets de grande envergure en investissant une somme modeste, et recevoir une partie des bénéfices proportionnelle à votre investissement.

- Avantages :
- Accès à de grands projets : Le crowdfunding permet aux petits investisseurs de participer à des projets immobiliers qui nécessitent des sommes importantes.
- Diversification : Vous pouvez investir dans plusieurs projets à travers différentes plateformes pour répartir vos risques.
- Inconvénients :
- Liquidité limitée : Contrairement aux actions ou obligations, il est difficile de vendre votre part dans un projet de crowdfunding avant la fin du projet, ce qui signifie que votre capital peut être immobilisé pendant plusieurs années.
- Risque de non-réalisation : Si le projet immobilier échoue ou prend du retard, cela peut affecter vos rendements, voire entraîner une perte partielle de votre investissement.

REITs (Real Estate Investment Trusts)

Les REITs sont des sociétés qui possèdent et gèrent des biens immobiliers générant des revenus, tels que des immeubles de bureaux, des centres commerciaux, ou des complexes résidentiels. En investissant dans un REIT, vous achetez des parts de la société, et vous bénéficiez des revenus générés par les loyers ainsi que de l'appréciation des actifs immobiliers détenus par le REIT.

- Avantages :
- Liquidité : Les REITs sont négociés en bourse, ce qui signifie que vous pouvez acheter et vendre des parts facilement, comme pour des actions.
- Diversification immédiate : Investir dans un REIT vous donne accès à un portefeuille diversifié de propriétés, répartissant ainsi les risques.
- Inconvénients :
- Rendements variables : Les REITs sont soumis aux fluctuations des marchés financiers, tout comme les actions, ce qui peut entraîner une volatilité à court terme.
- Frais de gestion : Les REITs prélèvent généralement des frais de gestion pour s'occuper des biens immobiliers, ce qui peut affecter vos rendements nets.

Conclusion du Chapitre 3

L'immobilier est un des moyens les plus fiables pour créer et faire fructifier une richesse à long terme. Que vous choisissiez l'investissement locatif, la revente rapide (house flipping), ou des formes plus passives comme le crowdfunding immobilier ou les REITs, l'immobilier offre une diversité d'opportunités d'investissement adaptées à différents profils d'investisseurs. La clé du succès réside dans une évaluation précise des biens, l'utilisation judicieuse de l'effet de levier, et la gestion rigoureuse des flux de trésorerie. Lorsque bien géré, l'immobilier peut être un levier puissant pour atteindre vos objectifs financiers.

Chapitre 4 : Cryptomonnaies et nouvelles technologies

L'ère numérique a ouvert la voie à de nouvelles formes d'investissement, et les cryptomonnaies, ainsi que les technologies sous-jacentes comme la blockchain, sont rapidement devenues des options populaires. Ces actifs numériques ont bouleversé les marchés financiers traditionnels en offrant des rendements potentiellement élevés, mais aussi des risques significatifs. Dans ce chapitre, nous allons explorer les opportunités et les défis liés à l'investissement dans les cryptomonnaies et examiner comment les technologies comme la blockchain et les contrats intelligents transforment le paysage de l'investissement.

4.1 Introduction aux cryptomonnaies

Les cryptomonnaies sont des monnaies numériques basées sur la technologie de la blockchain, un registre décentralisé qui permet des transactions sécurisées et transparentes sans avoir besoin d'un intermédiaire comme une banque. La plus connue de ces cryptomonnaies est le Bitcoin, créée en 2009 par un individu ou un groupe anonyme sous le pseudonyme de Satoshi Nakamoto. Depuis lors, des milliers d'autres cryptomonnaies, appelées altcoins, ont vu le jour, chacune ayant ses propres caractéristiques et usages.

Qu'est-ce qu'une cryptomonnaie ?

Une cryptomonnaie est une forme de monnaie numérique qui utilise la cryptographie pour sécuriser les transactions, contrôler la création de nouvelles unités et vérifier les transferts. Contrairement aux monnaies fiduciaires traditionnelles (comme l'euro ou le dollar), les cryptomonnaies ne sont pas émises par des gouvernements ou des banques centrales. Elles reposent sur des réseaux décentralisés utilisant la blockchain.

La blockchain : le cœur des cryptomonnaies

La blockchain est la technologie qui sous-tend la plupart des cryptomonnaies. Il s'agit d'un registre distribué, décentralisé, qui enregistre toutes les transactions effectuées sur un réseau. Chaque transaction est validée par un réseau de participants (appelés nœuds), puis ajoutée à un "bloc". Une fois qu'un bloc est plein, il est ajouté à une chaîne de blocs (la blockchain), formant ainsi un historique immuable de toutes les transactions. Cela rend les transactions transparentes et difficilement falsifiables.

Les principales caractéristiques de la blockchain sont :

- **Sécurité** : Chaque transaction est cryptée et validée par un réseau décentralisé, ce qui rend la falsification quasi impossible.
- **Transparence** : Toutes les transactions sont visibles et consultables par tous les participants du réseau.
- **Décentralisation** : Il n'y a pas d'autorité centrale qui contrôle le réseau, contrairement aux systèmes financiers traditionnels.

Les principales cryptomonnaies

1. **Bitcoin (BTC)** : Créé en 2009, le Bitcoin est la première et la plus connue des cryptomonnaies. Il est souvent comparé à de l'or numérique en raison de son offre limitée (21 millions de bitcoins au total) et de son rôle de réserve de valeur.
2. **Ethereum (ETH)** : Lancé en 2015, l'Ethereum est bien plus qu'une simple monnaie numérique. Il s'agit d'une plateforme permettant de créer et d'exécuter des contrats intelligents (smart contracts) et des applications décentralisées (dApps). L'Ether, la monnaie utilisée sur la plateforme Ethereum, est souvent utilisé pour financer ces contrats intelligents.
3. **Ripple (XRP)** : Ripple est une cryptomonnaie conçue pour faciliter les paiements internationaux entre banques. Contrairement à d'autres cryptomonnaies, Ripple n'est pas basé sur la technologie blockchain mais utilise un registre distribué unique.
4. **Litecoin (LTC)** : Créée comme une version allégée du Bitcoin, Litecoin est conçue pour

permettre des transactions plus rapides et à moindre coût. Il est souvent utilisé pour des paiements quotidiens.

5. Stablecoins : Les stablecoins sont des cryptomonnaies adossées à des actifs stables comme les monnaies fiduciaires (ex : le dollar américain). Ils offrent la stabilité d'une monnaie traditionnelle tout en bénéficiant des avantages technologiques des cryptomonnaies.

4.2 Pourquoi investir dans les cryptomonnaies ?

Les cryptomonnaies offrent un potentiel de rendements élevés, mais elles comportent également un risque considérable en raison de leur volatilité et de l'incertitude réglementaire. Voici quelques raisons pour lesquelles de nombreux investisseurs choisissent de se tourner vers ces actifs numériques :

Rendements potentiels élevés

Les cryptomonnaies sont connues pour leur volatilité, et bien que cela présente des risques, cela offre aussi des opportunités de gains importants. Par exemple, le Bitcoin a vu sa valeur passer de quelques centimes à ses débuts à plus de 60 000 $ en 2021. Les investisseurs qui ont acheté tôt et conservé leurs bitcoins ont réalisé des rendements astronomiques. Cependant, cette volatilité signifie également que les prix peuvent chuter aussi rapidement qu'ils augmentent.

Diversification du portefeuille

Ajouter des cryptomonnaies à un portefeuille d'investissement peut offrir une diversification par rapport aux actifs traditionnels comme les actions et les obligations. Les cryptomonnaies ne sont pas nécessairement corrélées aux marchés financiers traditionnels, ce qui peut protéger un portefeuille contre les ralentissements économiques globaux.

Protection contre l'inflation

Certaines cryptomonnaies, comme le Bitcoin, sont souvent considérées comme une réserve de valeur en raison de leur offre limitée. Contrairement aux monnaies fiduciaires, qui peuvent être imprimées en quantités illimitées par les banques centrales, la quantité de bitcoins est limitée à 21 millions d'unités. Cela en fait un actif attrayant pour ceux qui cherchent à protéger leur patrimoine contre l'inflation ou la dévaluation des monnaies traditionnelles.

Innovation technologique

Investir dans des cryptomonnaies, c'est aussi parier sur le potentiel technologique de la blockchain et des contrats intelligents. La technologie blockchain pourrait transformer de nombreux secteurs, de la finance à la santé en passant par la logistique. Des plateformes comme Ethereum permettent la création de contrats intelligents, qui exécutent automatiquement des actions lorsque certaines conditions sont remplies, sans avoir besoin d'intermédiaires.

4.3 Comment investir dans les cryptomonnaies ?

Investir dans les cryptomonnaies peut être intimidant pour les nouveaux venus, mais avec les bonnes étapes, il est possible d'investir de manière sûre et efficace. Voici un guide pour commencer à investir dans les cryptomonnaies.

Choisir une plateforme d'échange

La première étape pour acheter des cryptomonnaies consiste à choisir une plateforme d'échange fiable. Ces plateformes permettent d'acheter, de vendre et de stocker des cryptomonnaies. Parmi les plus populaires, on trouve Coinbase, Binance, Kraken, et Gemini. Lors du choix d'une plateforme, il est important de prendre en compte les frais de transaction, la sécurité, et la variété de cryptomonnaies disponibles.

Sécurité : Stockage des cryptomonnaies

Une fois que vous avez acheté des cryptomonnaies, vous devez décider comment les stocker. Contrairement à l'argent liquide ou aux actions, les cryptomonnaies sont des actifs numériques qui nécessitent un portefeuille numérique (wallet). Il existe deux principaux types de portefeuilles :

1. Portefeuille chaud (hot wallet) : Il s'agit de portefeuilles en ligne qui permettent de stocker des cryptomonnaies et d'y accéder facilement pour les échanger. Bien qu'ils soient pratiques, ils sont plus vulnérables aux piratages, car ils sont connectés à Internet.

2. Portefeuille froid (cold wallet) : Il s'agit de portefeuilles hors ligne, comme des clés USB ou des dispositifs physiques, qui offrent une sécurité accrue. Comme ils ne sont pas connectés à Internet, ils sont beaucoup moins vulnérables aux cyberattaques. Cependant, leur inconvénient est qu'ils peuvent être perdus ou endommagés.

Stratégies d'investissement dans les cryptomonnaies

Investir dans les cryptomonnaies nécessite une stratégie bien définie en raison de la volatilité extrême du marché. Voici quelques stratégies que les investisseurs peuvent adopter :

1. Buy and hold (Acheter et conserver) : Cette stratégie consiste à acheter des cryptomonnaies et à les conserver sur le long terme, en misant sur leur appréciation à long terme. Les investisseurs qui ont adopté cette approche avec le Bitcoin dès ses débuts ont souvent réalisé des gains substantiels.

2. Trading à court terme : Le trading de cryptomonnaies à court terme repose sur la volatilité des prix pour réaliser des profits rapides. Cela nécessite une analyse technique, une compréhension du marché, et une attention constante aux fluctuations des prix. Bien que potentiellement lucratif, le trading à court terme comporte des risques élevés.

3. Diversification des cryptos : Plutôt que de tout investir dans une seule cryptomonnaie, de nombreux investisseurs choisissent de diversifier leur portefeuille en achetant plusieurs cryptomonnaies (Bitcoin, Ethereum, Litecoin, etc.). Cela permet de répartir le risque et d'augmenter les chances de profiter de la croissance d'autres projets.

4.4 Les risques liés aux cryptomonnaies

Bien que les cryptomonnaies offrent des rendements potentiellement élevés, elles comportent également des risques significatifs que les investisseurs doivent comprendre avant d'y investir.

Volatilité extrême

Le marché des cryptomonnaies est extrêmement volatile. Les prix peuvent fluctuer de manière drastique en l'espace de quelques heures ou jours. Cela signifie que les investisseurs doivent être prêts à subir des baisses de valeur importantes sur de courtes périodes.

- Exemple : En 2017, le Bitcoin est passé de 1 000 $ à près de 20 000 $, pour ensuite chuter à environ 3 000 $ en 2018. Cette volatilité peut offrir des opportunités de profit, mais elle peut également entraîner des pertes importantes pour les investisseurs qui ne sont pas préparés.

Risque de sécurité

Bien que la blockchain soit considérée comme sécurisée, les plateformes d'échange et les portefeuilles numériques peuvent être vulnérables aux piratages. De nombreux investisseurs ont perdu des millions de dollars en raison de failles de sécurité dans les plateformes d'échange ou de la perte de leurs clés privées.

- Exemple de piratage : En 2014, Mt. Gox, l'une des plus grandes plateformes d'échange de l'époque, a été piratée, entraînant la perte de 850 000 bitcoins, d'une valeur de 450 millions de dollars à l'époque. Les investisseurs doivent donc prendre des précautions pour sécuriser leurs actifs.

Incertitude réglementaire

Les cryptomonnaies sont encore une classe d'actifs relativement nouvelle, et leur statut juridique varie d'un pays à l'autre. Certains pays ont interdit ou restreint l'utilisation des cryptomonnaies, tandis que d'autres commencent à mettre en place des réglementations pour encadrer le secteur. Cette incertitude réglementaire peut affecter la valeur des cryptomonnaies et la manière dont elles sont perçues sur les marchés.

4.5 L'avenir des cryptomonnaies et de la blockchain

Alors que les cryptomonnaies et la technologie blockchain continuent de se développer, il devient évident que ces innovations vont bien au-delà de la simple monnaie numérique. La blockchain, en particulier, a le potentiel de révolutionner de nombreux secteurs de l'économie mondiale en offrant des solutions plus transparentes, décentralisées et sécurisées. Dans cette section, nous allons explorer les tendances futures qui pourraient définir l'évolution des cryptomonnaies et de la technologie blockchain.

Les contrats intelligents et les dApps

Les contrats intelligents sont des programmes autonomes qui s'exécutent automatiquement lorsque certaines conditions prédéfinies sont remplies. Ces contrats sont stockés et exécutés sur des blockchains, comme celle d'Ethereum, et ils permettent d'automatiser les transactions et accords sans avoir besoin d'un intermédiaire humain, comme un avocat ou un notaire. Les applications décentralisées (dApps), qui reposent sur ces contrats intelligents, sont des programmes construits sur une blockchain et qui fonctionnent sans aucune autorité centrale.

Ces technologies ont le potentiel de transformer de nombreux secteurs, de la finance à l'immobilier, en passant par l'assurance, la logistique et bien d'autres. Par exemple, les contrats intelligents peuvent simplifier et sécuriser des transactions complexes en exécutant automatiquement les termes d'un accord dès que les conditions sont remplies.

- Exemple : Dans le domaine de l'immobilier, un contrat intelligent pourrait être utilisé pour automatiser la vente d'une maison. Une fois que l'acheteur a transféré les fonds, le contrat intelligent pourrait transférer automatiquement la propriété de la maison, sans nécessiter l'intervention d'un notaire ou d'un avocat.

La finance décentralisée (DeFi)

L'une des applications les plus prometteuses de la blockchain est la finance décentralisée, souvent appelée DeFi. Ce mouvement vise à recréer des systèmes financiers traditionnels (prêts, emprunts, épargne, échanges) en utilisant des plateformes décentralisées et des contrats intelligents, sans l'intervention des banques ou d'autres institutions financières centralisées.

Les plateformes DeFi permettent aux utilisateurs de prêter, d'emprunter et d'échanger des actifs sans avoir besoin d'un intermédiaire traditionnel. De plus, elles offrent souvent des rendements plus élevés que les services bancaires traditionnels, car elles fonctionnent de manière plus efficace et réduisent les coûts d'intermédiation.

- Exemple : Les utilisateurs peuvent placer des cryptomonnaies dans un protocole DeFi pour gagner des intérêts plus élevés qu'ils ne le feraient avec un compte d'épargne bancaire classique. En même temps, d'autres utilisateurs peuvent emprunter ces cryptomonnaies moyennant des intérêts, tout cela via des contrats intelligents qui s'exécutent automatiquement.

Cependant, le DeFi n'est pas sans risque. Les bugs dans les contrats intelligents ou les piratages des plateformes peuvent entraîner des pertes importantes pour les utilisateurs. Malgré cela, le secteur continue de croître et d'attirer des milliards de dollars en capitaux.

Tokenisation des actifs
La tokenisation est un autre développement majeur qui pourrait révolutionner le monde des investissements. Elle consiste à convertir des actifs réels (comme des biens immobiliers, des œuvres d'art ou même des matières premières) en jetons

numériques qui peuvent être échangés sur une blockchain. Cela permet de fractionner la propriété de ces actifs, ce qui les rend plus accessibles aux petits investisseurs.

- Exemple de tokenisation immobilière : Au lieu d'acheter un immeuble entier, vous pourriez acheter une part fractionnée de cet immeuble sous forme de jeton. Cela permet aux investisseurs de diversifier leur portefeuille immobilier avec des investissements relativement modestes, et aux propriétaires de lever des fonds plus facilement.

La tokenisation des actifs pourrait ouvrir la voie à de nouvelles opportunités d'investissement dans des secteurs traditionnellement illiquides, en permettant des échanges plus rapides, plus sûrs, et à moindre coût.

Adoption institutionnelle des cryptomonnaies

L'un des facteurs les plus influents dans l'avenir des cryptomonnaies est leur adoption par les institutions financières et les grandes entreprises. Ces dernières années, plusieurs grandes sociétés ont commencé à inclure des cryptomonnaies dans leur trésorerie ou à offrir des services liés aux cryptos.

- Exemple : Des entreprises comme Tesla et MicroStrategy ont annoncé avoir investi dans le Bitcoin en tant que réserve de valeur. En parallèle, des plateformes comme PayPal et Square permettent désormais à leurs utilisateurs d'acheter, vendre et stocker des cryptomonnaies.

Cette adoption institutionnelle renforce la légitimité des cryptomonnaies en tant qu'actifs financiers et pourrait encourager d'autres entreprises et institutions à suivre le mouvement. Cependant, cette adoption dépendra également de l'évolution des régulations gouvernementales.

Monnaies numériques des banques centrales (CBDC)

En réponse à la montée en puissance des cryptomonnaies, plusieurs gouvernements explorent la possibilité de créer des monnaies numériques des banques centrales (CBDC). Contrairement aux cryptomonnaies décentralisées comme le Bitcoin, les CBDC seraient émises et contrôlées par les banques centrales, offrant ainsi un moyen plus sécurisé et stable de gérer les transactions numériques.

- Exemple : La Chine a déjà lancé un projet pilote pour son yuan numérique, tandis que d'autres pays, comme la Suède et les États-Unis, étudient également la possibilité de créer leurs propres CBDC.

Ces monnaies numériques pourraient coexister avec les cryptomonnaies privées et fournir un cadre réglementaire plus strict pour les transactions numériques, tout en offrant une alternative aux systèmes financiers traditionnels.

4.6 Les défis futurs des cryptomonnaies

Bien que l'avenir des cryptomonnaies semble prometteur, plusieurs défis doivent être relevés pour garantir leur adoption à grande échelle. Ces défis incluent la réglementation, la volatilité, la sécurité, et l'impact environnemental.

Réglementation

L'un des principaux défis auxquels sont confrontées les cryptomonnaies est l'incertitude réglementaire. Dans de nombreux pays, les régulateurs tentent de rattraper le rythme rapide du développement des cryptomonnaies, ce qui crée des zones grises en termes de fiscalité, de légalité et de protection des investisseurs.

- **Régulation variable selon les pays :** Certains pays, comme la Chine, ont pris des mesures strictes contre les cryptomonnaies, interdisant même leur utilisation et le minage. D'autres pays, comme les États-Unis et l'Union européenne, travaillent sur des cadres réglementaires qui équilibrent innovation et protection des consommateurs.

La réglementation peut avoir un impact direct sur la valeur et l'utilisation des cryptomonnaies. Une approche trop stricte pourrait freiner l'adoption, tandis qu'une régulation adaptée pourrait encourager une adoption plus large et sécurisée.

Volatilité

La volatilité extrême des cryptomonnaies est un autre obstacle majeur à leur adoption généralisée. Bien que cette volatilité puisse offrir des opportunités de trading lucratives, elle rend également difficile l'utilisation des cryptomonnaies comme réserve de valeur ou moyen d'échange stable.

- **Exemple :** En quelques semaines, le prix du Bitcoin a fluctué de plus de 30 %, passant de 60 000 $ à 40 000 $, avant de remonter à nouveau. Ce niveau de volatilité rend difficile pour les entreprises et les particuliers d'utiliser le Bitcoin pour des transactions quotidiennes.

Sécurité et piratage

Bien que la technologie blockchain soit réputée pour sa sécurité, les plateformes d'échange et les portefeuilles numériques restent vulnérables aux piratages. De nombreuses plateformes ont été piratées, entraînant des pertes considérables pour les utilisateurs. Les investisseurs doivent donc être extrêmement vigilants quant à la manière dont ils stockent leurs cryptomonnaies et choisissent les plateformes d'échange.

Impact environnemental

Le minage de cryptomonnaies comme le Bitcoin consomme d'énormes quantités d'énergie, ce qui soulève des préoccupations environnementales. Certains critiques affirment que l'empreinte carbone du minage de cryptomonnaies est comparable à celle de certains pays. De nombreuses initiatives visent à rendre le minage plus respectueux de l'environnement, en utilisant des sources d'énergie renouvelables ou en adoptant des mécanismes de validation plus efficaces sur le plan énergétique, comme le Proof of Stake (PoS), en opposition au Proof of Work (PoW) utilisé par Bitcoin.

Conclusion du Chapitre 4

Les cryptomonnaies et la technologie blockchain représentent une évolution majeure dans le monde des investissements et de la finance. Alors que les opportunités offertes par ces innovations sont immenses, elles s'accompagnent également de risques importants, notamment en termes de volatilité, de sécurité et de régulation. Les investisseurs doivent aborder les cryptomonnaies avec une compréhension claire des risques et être prêts à adopter une approche stratégique et disciplinée.

L'avenir des cryptomonnaies et de la blockchain s'annonce passionnant, avec des technologies comme les contrats intelligents, la finance décentralisée, et la tokenisation des actifs qui transforment non seulement la manière dont nous investissons, mais aussi comment nous interagissons avec le monde numérique. Si ces technologies parviennent à surmonter les défis qui les attendent, elles pourraient redéfinir les systèmes financiers mondiaux et offrir des opportunités sans précédent pour les investisseurs.

Chapitre 5 : Revenus passifs – Construire des flux de revenus durables

Dans la quête de la liberté financière, les revenus passifs jouent un rôle essentiel. Contrairement aux revenus actifs, qui nécessitent un travail constant, les revenus passifs continuent de générer des flux d'argent même lorsque vous n'êtes pas activement impliqué. Ce chapitre explore les différentes stratégies pour créer des flux de revenus passifs, qu'il s'agisse d'investissements immobiliers, de dividendes d'actions, ou de revenus générés par des produits numériques. Ces flux, s'ils sont bien gérés, peuvent vous offrir une stabilité financière à long terme et vous permettre de vous consacrer à d'autres projets ou loisirs.

5.1 Qu'est-ce que le revenu passif ?

Le revenu passif est une forme de revenu qui ne nécessite pas d'effort actif ou quotidien une fois que le système est en place. C'est une source de revenus qui continue de générer des profits même lorsque vous ne travaillez pas activement dessus. Bien entendu, la création de revenus passifs peut nécessiter un investissement initial en temps, en argent ou en compétences, mais une fois le mécanisme mis en place, il fonctionne de manière autonome ou semi-autonome.

Différence entre revenu actif et passif

Le revenu actif correspond à l'argent que vous gagnez en échange de votre temps et de votre travail. Il s'agit généralement de votre salaire, de vos commissions, ou de vos honoraires si vous travaillez en tant qu'indépendant. Ce type de revenu est directement lié à votre temps : plus vous travaillez, plus vous gagnez, et si vous arrêtez de travailler, vos revenus s'arrêtent également.

Le revenu passif, quant à lui, découple votre temps de l'argent que vous gagnez. Une fois que vous avez mis en place un système de revenus passifs, vous pouvez gagner de l'argent même lorsque vous n'y consacrez pas activement du temps. Cela pourrait inclure des revenus locatifs, des dividendes d'actions, ou les ventes de produits numériques que vous avez créés.

Pourquoi les revenus passifs sont essentiels

Les revenus passifs sont essentiels pour atteindre une certaine indépendance financière. Ils vous permettent de :

- Générer des revenus supplémentaires en plus de votre salaire ou de vos activités principales.
- Diversifier vos sources de revenus, ce qui vous protège en cas de perte de votre emploi ou de ralentissement économique.

- Atteindre la liberté financière : En créant plusieurs flux de revenus passifs, vous pouvez potentiellement vivre uniquement de ces revenus, sans avoir besoin de travailler activement.

5.2 Différents types de revenus passifs

Il existe plusieurs manières de générer des revenus passifs. Chacune de ces méthodes a ses avantages et ses inconvénients, ainsi que des exigences initiales spécifiques. Voici un aperçu des principales sources de revenus passifs :

Revenus immobiliers

Les revenus immobiliers sont l'une des formes les plus courantes de revenus passifs. Si vous possédez des biens immobiliers locatifs, vous percevez des loyers de vos locataires chaque mois. L'immobilier offre également l'avantage de pouvoir profiter de l'effet de levier, comme nous l'avons vu dans le chapitre précédent.

- Investissement locatif : Vous achetez une propriété que vous louez à des locataires. Une fois les frais d'entretien, les taxes et le remboursement de votre prêt couverts, les loyers perçus peuvent constituer un flux de revenus passif. Si le marché immobilier est favorable, vous pouvez également profiter de l'appréciation de la valeur de la propriété au fil du temps.

- Gestion immobilière : Pour minimiser les efforts nécessaires, vous pouvez déléguer la gestion de vos biens à une agence de gestion immobilière, qui s'occupera de trouver des locataires, de percevoir les loyers, et de gérer les réparations.

Revenus de dividendes d'actions

Investir dans des actions à dividendes est une autre façon populaire de générer des revenus passifs. Les actions à dividendes sont des parts d'entreprises qui versent régulièrement une partie de leurs bénéfices sous forme de dividendes aux actionnaires. Ces dividendes peuvent constituer un flux de revenus régulier, surtout si vous détenez des actions dans des entreprises stables et matures.

- Exemple : Certaines entreprises, comme Coca-Cola ou Procter & Gamble, versent des dividendes constants et prévisibles, ce qui en fait des choix populaires pour les investisseurs en quête de revenus passifs. Vous pouvez utiliser ces dividendes pour réinvestir dans plus d'actions ou les retirer en tant que revenus.
- Fonds indiciels et ETF à dividendes : Si vous préférez ne pas investir directement dans des actions individuelles, vous pouvez opter pour des fonds indiciels ou des ETF qui se concentrent sur les actions à dividendes. Cela permet une diversification automatique et réduit le risque lié à la performance individuelle d'une entreprise.

Produits numériques

Les produits numériques sont une forme moderne et très populaire de revenus passifs. Il peut s'agir d'e-books, de cours en ligne, de logiciels, ou de musique. Une fois que vous avez créé un produit numérique, il peut être vendu à un nombre illimité de clients sans avoir besoin de réapprovisionner un stock, contrairement aux produits physiques.

- Exemple d'e-book : Si vous avez une expertise dans un domaine particulier, vous pouvez écrire un livre électronique et le vendre via des plateformes comme Amazon Kindle. Une fois le livre publié, chaque vente génère des revenus passifs.
- Cours en ligne : Si vous êtes expert dans un sujet spécifique (finance, développement personnel, programmation, etc.), vous pouvez créer un cours en ligne sur des plateformes comme Udemy, Teachable, ou Coursera. Une fois que le cours est en ligne, les inscriptions peuvent se faire de manière continue, vous permettant de générer des revenus sans effort supplémentaire.

Marketing d'affiliation

Le marketing d'affiliation est une autre méthode populaire pour générer des revenus passifs. Il consiste à promouvoir des produits ou services d'autres entreprises et à recevoir une commission pour chaque vente réalisée via vos recommandations. Cela peut se faire par le biais d'un blog, d'une chaîne YouTube, ou de tout autre support numérique.

- Exemple : Si vous avez un blog sur la technologie, vous pouvez recommander des produits comme des ordinateurs, des logiciels ou des gadgets. En utilisant des liens d'affiliation, vous percevez une commission pour chaque vente réalisée grâce à votre recommandation. Des plateformes comme Amazon Affiliates facilitent ce type de partenariat.

Revenus d'affiliation via les réseaux sociaux

Les influenceurs sur les réseaux sociaux comme Instagram, TikTok ou YouTube peuvent générer des revenus passifs en intégrant des liens d'affiliation dans leur contenu. Plus leur audience est importante et engagée, plus les commissions d'affiliation peuvent générer un flux de revenus régulier.

Location de véhicules ou d'équipements

La location de biens personnels est une autre manière de générer des revenus passifs. Cela peut inclure la location de véhicules, d'équipements sportifs ou de matériel de construction. Avec l'essor des plateformes de partage et de location, il est plus facile que jamais de tirer profit de vos biens.

- Exemple de location de véhicules : Des plateformes comme Turo vous permettent de louer votre voiture à des personnes cherchant une alternative moins coûteuse aux agences de location traditionnelles.

5.3 Comment mettre en place des flux de revenus passifs

Mettre en place des flux de revenus passifs demande initialement du temps, des efforts, et souvent un investissement financier. Voici quelques étapes clés pour créer un système de revenus passifs efficace :

1. Identifiez vos compétences et ressources disponibles

La première étape consiste à déterminer quelles ressources ou compétences vous pouvez utiliser pour générer des revenus passifs. Si vous possédez des propriétés, l'immobilier pourrait être une option. Si vous êtes un expert dans un domaine, un produit numérique ou un cours en ligne pourrait être la solution.

2. Choisissez la bonne stratégie

Il existe de nombreuses stratégies pour créer des revenus passifs, mais il est important de choisir celle qui correspond le mieux à vos objectifs financiers, votre tolérance au risque, et vos ressources disponibles. Par exemple, l'immobilier et les dividendes sont des stratégies éprouvées mais nécessitent un capital initial, tandis que la création de produits numériques ou le marketing d'affiliation demandent du temps et des compétences spécifiques.

3. Automatisez autant que possible

Une fois que vous avez mis en place un flux de revenus passifs, l'automatisation est la clé pour minimiser votre implication. Que ce soit la gestion de vos biens immobiliers, la publication de vos produits numériques, ou l'encaissement de vos dividendes, plus vous pouvez automatiser les processus, moins vous aurez besoin d'y consacrer du temps.

4. Suivez vos performances et ajustez

Même les flux de revenus passifs nécessitent une surveillance occasionnelle. Suivez les performances de vos investissements, ajustez vos stratégies si nécessaire, et assurez-vous que vous maximisez vos rendements. Par exemple, si vos actions à dividendes ne performent pas aussi bien que prévu, vous pourriez envisager de réallouer une partie de votre portefeuille à d'autres actifs.

5.4 Avantages et inconvénients des revenus passifs

Bien que les revenus passifs soient attractifs, il est important de comprendre qu'ils ne sont pas sans effort, du moins au départ, et qu'ils présentent aussi des inconvénients potentiels.

Avantages

- **Liberté de temps** : Une fois que les systèmes de revenus passifs sont en place, vous avez la liberté de vous consacrer à d'autres projets ou activités.
- **Diversification des revenus** : Les revenus passifs offrent une diversification précieuse pour réduire votre dépendance à une seule source de revenus, comme un salaire.
- **Potentiel de gains importants** : Certains systèmes de revenus passifs, comme l'immobilier ou les dividendes, peuvent générer des gains substantiels à long terme.

Inconvénients

- Temps et effort initiaux : Mettre en place des systèmes de revenus passifs demande un investissement initial en temps, en argent ou en compétences.
- Risques financiers : Les investissements, en particulier l'immobilier et les actions, comportent des risques financiers. Une mauvaise gestion ou des conditions de marché défavorables peuvent entraîner des pertes.
- Maintien et gestion : Bien que les revenus passifs nécessitent moins d'efforts que les revenus actifs, ils ne sont pas totalement passifs. Il est souvent nécessaire de surveiller les performances et d'ajuster les stratégies pour maximiser les gains.

Chapitre 6 : Stratégies d'investissement avancées

Pour aller au-delà des bases de l'investissement et maximiser vos rendements, il est essentiel de comprendre les stratégies d'investissement avancées. Ces techniques sont souvent utilisées par des investisseurs expérimentés, mais elles peuvent être accessibles à tout le monde, à condition d'en saisir les principes fondamentaux et de les appliquer avec précaution. Dans ce chapitre, nous allons explorer des concepts tels que l'effet de levier avancé, la couverture du risque (hedging), l'investissement dans les options et les contrats à terme, ainsi que les stratégies liées aux hedge funds et au private equity. Bien que plus complexes, ces stratégies peuvent offrir des opportunités significatives d'accroître vos rendements tout en limitant les risques.

6.1 Utilisation de l'effet de levier avancé

Comme mentionné dans le chapitre sur l'immobilier, l'effet de levier consiste à utiliser de l'argent emprunté pour amplifier les rendements d'un investissement. Cette stratégie ne se limite pas à l'immobilier ; elle peut être appliquée à d'autres classes d'actifs, comme les actions, les obligations et les matières premières. Bien que l'effet de levier puisse multiplier vos gains, il augmente également les risques, ce qui en fait une stratégie à utiliser avec prudence.

Leverage en bourse

Dans le domaine des actions, l'effet de levier peut être utilisé pour emprunter de l'argent auprès de votre courtier afin d'acheter plus d'actions que vous ne pourriez normalement acheter avec votre capital propre. Cela vous permet de profiter de la hausse du marché, mais en cas de baisse, vos pertes sont également amplifiées.

- Exemple : Si vous avez 10 000 € en capital et que vous empruntez 10 000 € supplémentaires pour acheter des actions, vous avez un effet de levier de 2:1. Si le marché augmente de 10 %, vos 20 000 € investis valent maintenant 22 000 €, ce qui signifie un gain de 2 000 €. Cependant, si le marché baisse de 10 %, vous perdez également 2 000 €, soit 20 % de votre capital initial.

Leverage dans le trading de devises (Forex)

Le marché des changes (Forex) est l'un des marchés les plus populaires pour l'utilisation de l'effet de levier. Les courtiers en Forex offrent souvent des leviers très élevés, allant de 50:1 à 100:1, ce qui signifie que pour chaque euro que vous investissez, vous pouvez emprunter 50 à 100 euros supplémentaires. Bien que cela permette de réaliser des profits importants avec des mouvements de marché relativement petits, cela comporte aussi un risque élevé de pertes rapides.

Comment gérer les risques liés au levier

L'effet de levier est une arme à double tranchant. Voici quelques conseils pour l'utiliser de manière responsable :

- Utiliser un levier modéré : N'empruntez jamais plus que ce que vous êtes prêt à perdre. Un effet de levier trop élevé peut rapidement entraîner des pertes qui dépassent votre investissement initial.
- Stop-loss : Mettez en place des ordres de stop-loss pour limiter les pertes si le marché évolue contre vous. Cela vous permet de vendre automatiquement un actif lorsque sa valeur atteint un seuil prédéterminé.
- Diversification : Ne misez pas tout sur un seul actif avec effet de levier. Diversifiez vos investissements pour limiter l'impact d'un mauvais choix.

6.2 Hedging ou la couverture du risque

Le hedging, ou couverture du risque, est une stratégie qui vise à protéger vos investissements contre les pertes en utilisant des instruments financiers spécifiques pour contrebalancer les risques. L'objectif est de réduire l'exposition aux fluctuations défavorables du marché sans pour autant limiter entièrement les gains potentiels.

Comment fonctionne le hedging ?

Le hedging consiste à prendre une position opposée à celle de votre investissement principal afin de compenser toute perte potentielle. Cela peut être fait avec des options, des contrats à terme ou d'autres produits dérivés. Par exemple, si vous possédez un portefeuille d'actions et que vous craignez une baisse du marché, vous pourriez acheter des options de vente (put options) pour protéger votre portefeuille. Si le marché chute, les gains réalisés sur les options de vente compenseront en partie les pertes subies sur vos actions.

- Exemple de hedging avec des options : Vous possédez 1 000 actions d'une entreprise, mais vous craignez une chute de leur valeur à court terme. Vous achetez une option de vente qui vous donne le droit de vendre vos actions à un prix fixé dans le futur. Si le prix de l'action baisse en dessous de ce prix, vous pouvez exercer votre option et vendre à ce prix, limitant ainsi vos pertes.

Les outils courants pour le hedging

1. Options : Les options sont des contrats qui vous donnent le droit, mais non l'obligation, d'acheter ou de vendre un actif à un prix spécifique à une date future. Les options de vente (puts) sont souvent utilisées pour protéger un portefeuille contre une baisse, tandis que les options d'achat (calls) permettent de profiter d'une hausse du marché.

2. Contrats à terme (futures) : Les contrats à terme sont des accords pour acheter ou vendre un actif à un prix prédéterminé à une date future. Ils sont souvent utilisés pour se protéger contre la volatilité des prix des matières premières ou des devises.

3. Fonds indiciels inversés : Un fonds indiciel inversé est un fonds qui vise à inverser les mouvements d'un indice boursier. Si l'indice chute, le fonds indiciel inversé gagne en valeur, ce qui permet aux investisseurs de compenser les pertes dans leurs portefeuilles.

Limites du hedging

Bien que le hedging soit une technique efficace pour limiter les pertes, il a un coût. Les primes payées pour les options et les frais associés aux contrats à terme réduisent vos rendements globaux. De plus, le hedging n'élimine pas complètement le risque ; il le réduit simplement.

6.3 Investissements en options et contrats à terme

Les options et les contrats à terme sont des instruments financiers complexes, mais puissants, qui permettent aux investisseurs de spéculer sur les mouvements de prix futurs ou de se protéger contre les fluctuations du marché. Ces produits dérivés sont souvent utilisés par les investisseurs professionnels, mais avec une bonne compréhension, ils peuvent également être intégrés dans les stratégies d'investissement des particuliers.

Investir avec des options

Les options sont des contrats financiers qui donnent à l'investisseur le droit, mais non l'obligation, d'acheter ou de vendre un actif sous-jacent à un prix fixé à l'avance avant ou à la date d'expiration du contrat. Il existe deux types d'options :

1. Option d'achat (call option) : Donne à l'investisseur le droit d'acheter un actif sous-jacent à un prix fixé avant l'expiration de l'option. Cette stratégie est utilisée lorsque vous pensez que le prix de l'actif augmentera.
2. Option de vente (put option) : Donne à l'investisseur le droit de vendre un actif sous-jacent à un prix fixé avant l'expiration de l'option. Cette stratégie est utilisée lorsque vous pensez que le prix de l'actif baissera.

Investir avec des contrats à terme (futures)

Les contrats à terme sont des contrats standardisés qui obligent l'investisseur à acheter ou vendre un actif sous-jacent à un prix et à une date futurs prédéterminés. Contrairement aux options, qui offrent une flexibilité, les contrats à terme impliquent une obligation d'acheter ou de vendre l'actif à la date d'expiration.

- Exemple de contrat à terme : Un investisseur peut acheter un contrat à terme sur du pétrole s'il pense que le prix du baril augmentera dans les prochains mois. Si le prix augmente effectivement, l'investisseur réalise un profit en achetant à un prix plus bas et en revendant à un prix plus élevé sur le marché.

Avantages et risques des options et contrats à terme

- Avantages : Ces produits permettent de tirer parti des fluctuations du marché sans avoir à détenir l'actif sous-jacent. Ils peuvent être utilisés pour des stratégies de couverture (hedging) ou de spéculation, et offrent un levier important pour maximiser les gains avec un capital moindre.
- Risques : Ces instruments dérivés comportent des risques importants, notamment le risque de pertes amplifiées. Les investisseurs doivent comprendre les mécanismes de ces produits avant de les utiliser, car un mauvais choix peut entraîner des pertes considérables.

6.4 Hedge funds, capital-investissement et private equity

Les hedge funds et les fonds de capital-investissement (private equity) sont des véhicules d'investissement spécialisés qui utilisent des stratégies complexes pour générer des rendements élevés pour leurs investisseurs. Bien que ces fonds soient généralement réservés aux investisseurs institutionnels ou aux particuliers fortunés, il est important de comprendre comment ils fonctionnent, car ils jouent un rôle significatif dans les marchés financiers globaux.

Les hedge funds

Les hedge funds sont des fonds d'investissement alternatifs qui utilisent des stratégies sophistiquées, telles que la vente à découvert, l'effet de levier, et le trading d'options, pour obtenir des rendements supérieurs à ceux du marché traditionnel. Contrairement aux fonds communs de placement, les hedge funds ont plus de flexibilité dans les actifs qu'ils peuvent détenir et les stratégies qu'ils peuvent employer.

- Stratégies communes des hedge funds :
- Stratégie long/short : Acheter des actions sous-évaluées (long) et vendre des actions surévaluées (short) pour profiter de la différence de prix.

- **Arbitrage** : Profiter des écarts de prix entre des actifs liés (ex : arbitrage de fusion).
- **Effet de levier** : Utiliser des fonds empruntés pour amplifier les rendements.

Les fonds de capital-investissement (private equity)

Le capital-investissement est une forme de financement fournie à des entreprises privées non cotées en bourse. Les fonds de private equity investissent dans des entreprises avec l'intention de les restructurer, de les développer ou de les redresser avant de les revendre pour réaliser un profit.

- **Exemple** : Un fonds de capital-investissement peut acheter une entreprise sous-performante, améliorer ses opérations et sa rentabilité, puis la revendre avec une plus-value significative après quelques années.

Risques et opportunités des hedge funds et du capital-investissement

- **Opportunités** : Ces fonds offrent des rendements potentiellement plus élevés que les investissements traditionnels, car ils utilisent des stratégies plus flexibles et plus agressives. Ils permettent également d'accéder à des opportunités d'investissement non disponibles sur les marchés publics.

- Risques : Les hedge funds et les fonds de private equity sont souvent plus risqués que les placements traditionnels, car ils utilisent un effet de levier élevé et des stratégies complexes. De plus, les frais de gestion sont souvent plus élevés, et les investisseurs peuvent avoir des périodes d'illiquidité, ce qui signifie qu'ils ne peuvent pas toujours retirer leurs fonds quand ils le souhaitent.

6.5 Diversification avancée et gestion du risque

La diversification est une stratégie essentielle pour tout portefeuille d'investissement, mais à mesure que votre portefeuille devient plus complexe, il est important de mettre en place une diversification avancée et une gestion sophistiquée des risques. Cela inclut non seulement la diversification géographique et sectorielle, mais aussi la répartition entre différentes classes d'actifs (actions, obligations, immobilier, matières premières, etc.).

Diversification par classe d'actifs

Répartir vos investissements entre différentes classes d'actifs peut réduire le risque global de votre portefeuille. Par exemple, lorsque les actions sont en baisse, les obligations ou l'immobilier peuvent offrir une certaine stabilité.
- Exemple : Un portefeuille diversifié pourrait inclure 60 % d'actions, 30 % d'obligations et 10 % d'investissements alternatifs (immobilier, cryptomonnaies, etc.).

Gestion des risques à travers des produits dérivés

L'utilisation d'options et de contrats à terme pour protéger votre portefeuille contre les fluctuations du marché peut également faire partie d'une stratégie de diversification avancée. Par exemple, si vous détenez un portefeuille d'actions, vous pouvez acheter des options de vente pour vous protéger contre une baisse du marché, tout en continuant à bénéficier des gains potentiels.

Chapitre 7 : La mentalité d'investisseur à long terme

Pour réussir en tant qu'investisseur, il ne suffit pas d'appliquer des stratégies ou de comprendre les différents types d'investissements. La clé d'un succès financier durable réside dans le développement d'une mentalité d'investisseur à long terme. Il s'agit d'adopter un état d'esprit qui vous permet de naviguer dans les cycles économiques, de résister aux impulsions à court terme et de rester concentré sur vos objectifs financiers. Ce chapitre explore les éléments essentiels d'une mentalité d'investisseur à long terme, en insistant sur la patience, la discipline et la gestion des émotions.

7.1 L'importance de la patience dans l'investissement

L'un des concepts les plus importants pour un investisseur à long terme est la patience. Les investissements fructueux, qu'il s'agisse de la bourse, de l'immobilier ou des cryptomonnaies, prennent du temps à porter leurs fruits. Les plus grands investisseurs, comme Warren Buffett, sont célèbres pour leur capacité à attendre que leurs investissements se développent sur plusieurs décennies.

Pourquoi la patience est essentielle

La plupart des marchés sont soumis à des fluctuations et des cycles économiques. Un investissement peut connaître des périodes de forte croissance, suivies de baisses temporaires. La capacité de rester investi et d'ignorer les fluctuations à court terme est essentielle pour récolter les bénéfices sur le long terme.

- Exemple : Les actions de Apple ont connu des périodes de forte volatilité au cours des dernières décennies, mais les investisseurs patients qui sont restés investis ont vu des rendements incroyables sur 10, 20 ou 30 ans.

Les pièges du court terme

De nombreux investisseurs novices commettent l'erreur de réagir émotionnellement aux fluctuations du marché. Lorsqu'un investissement perd de la valeur à court terme, ils sont tentés de vendre pour limiter leurs pertes. Cela peut entraîner des ventes à perte pendant des périodes de volatilité, alors que, bien souvent, les marchés finissent par se redresser. Adopter une perspective à long terme vous aide à éviter ces réactions impulsives.

7.2 Discipline et cohérence

La discipline est une autre caractéristique clé des investisseurs à long terme. Elle se manifeste non seulement dans la capacité à éviter les décisions impulsives, mais aussi dans la constance à appliquer une stratégie bien définie sur une longue période.

Investir régulièrement

L'une des stratégies les plus efficaces pour un investisseur à long terme est l'investissement régulier. En investissant un montant fixe à des intervalles réguliers (mensuellement ou trimestriellement), vous appliquez ce qu'on appelle la stratégie de lissage des coûts (dollar-cost averaging). Cette méthode permet de réduire les effets de la volatilité, car vous achetez des actifs à différents niveaux de prix, lissant ainsi le coût d'achat global sur le long terme.

- Exemple : Un investisseur qui investit 500 € chaque mois dans un fonds indiciel, quelle que soit la performance du marché, achètera plus d'actions lorsque les prix sont bas et moins lorsque les prix sont élevés. Cela permet de réduire le coût moyen par action sur le long terme.

Avoir un plan d'investissement clair

Un plan d'investissement est essentiel pour rester discipliné. Ce plan doit inclure vos objectifs financiers (retraite, achat immobilier, création de richesse), vos horizons temporels et votre tolérance au risque. Il doit également indiquer la répartition de vos actifs (actions, obligations, immobilier, etc.). En ayant un plan bien défini, vous serez moins susceptible de dévier en fonction des tendances à court terme ou des événements imprévus.

- Réévaluation périodique : Bien que la discipline soit essentielle, il est également important de réévaluer périodiquement votre plan pour vous assurer qu'il reste en phase avec vos objectifs de vie et les conditions économiques. Par exemple, à l'approche de la retraite, vous pourriez vouloir passer d'un portefeuille majoritairement composé d'actions à un portefeuille plus conservateur composé d'obligations.

7.3 La gestion des émotions dans l'investissement

La capacité à gérer ses émotions est probablement le facteur le plus difficile à maîtriser dans l'investissement. La peur et la cupidité sont les deux émotions les plus courantes qui poussent les investisseurs à prendre de mauvaises décisions.

La peur : l'ennemi de l'investisseur

Lorsque le marché est en baisse, il est naturel de ressentir de la peur. La tentation de vendre pour éviter de perdre davantage peut être forte. Cependant, les investisseurs qui cèdent à la peur finissent souvent par vendre à perte et manquent les périodes de reprise. Historiquement, les marchés ont toujours rebondi après des crises économiques ou des récessions.

- Exemple de la crise financière de 2008 : De nombreux investisseurs ont vendu leurs actifs au plus bas du marché, par crainte que les pertes continuent. Ceux qui ont conservé leurs investissements ou acheté pendant cette période de baisse ont bénéficié de l'une des reprises les plus significatives des marchés financiers au cours de la décennie suivante.

La cupidité : l'illusion des rendements rapides

À l'inverse, la cupidité pousse certains investisseurs à prendre des risques excessifs dans l'espoir de rendements rapides et élevés. Les bulles spéculatives sont souvent alimentées par cette émotion, lorsque les investisseurs se ruent sur des actifs dont la valeur semble grimper rapidement. Cela peut conduire à des achats irréfléchis à des prix gonflés, suivis de pertes importantes lorsque la bulle éclate.

- Exemple : La bulle des dot-com à la fin des années 1990 a vu une envolée des actions technologiques. De nombreux investisseurs, poussés par la cupidité, ont acheté des actions à des prix extrêmement élevés. Lorsque la bulle a éclaté, ces actions ont perdu une grande partie de leur valeur.

Comment gérer ses émotions

Pour surmonter la peur et la cupidité, il est essentiel d'adopter une approche rationnelle et basée sur des données dans vos décisions d'investissement. Voici quelques stratégies pour vous aider à gérer vos émotions :

- Restez fidèle à votre plan d'investissement : Un plan d'investissement bien conçu vous aide à rester concentré sur vos objectifs à long terme, même en période de volatilité.

- Ne vérifiez pas trop souvent vos investissements : Regarder constamment les fluctuations quotidiennes du marché peut vous stresser et vous pousser à agir impulsivement. Limitez-vous à des vérifications trimestrielles ou annuelles.
- Apprenez de l'histoire : Les cycles économiques font partie intégrante des marchés financiers. En étudiant les crises passées, vous comprendrez que les périodes de baisse sont souvent suivies de reprises et de croissance.

7.4 La diversification à long terme

La diversification est l'un des principes fondamentaux de la gestion de portefeuille à long terme. Elle permet de répartir les risques en investissant dans différentes classes d'actifs, secteurs géographiques et industries. En cas de mauvaise performance d'un secteur, les autres secteurs de votre portefeuille peuvent compenser les pertes, réduisant ainsi la volatilité globale de vos investissements.

Diversification par classe d'actifs
Un portefeuille bien diversifié inclut différents types d'actifs, tels que :
- Actions : Offrent un potentiel de croissance élevé, mais sont également plus volatiles.
- Obligations : Plus stables que les actions, elles fournissent des revenus réguliers, mais avec des rendements inférieurs.
- Immobilier : Peut offrir à la fois une appréciation du capital et des revenus passifs sous forme de loyers.
- Matières premières : Inclure des actifs comme l'or ou le pétrole peut fournir une couverture contre l'inflation et les crises économiques.

Diversification géographique

Investir à l'international permet de répartir les risques en fonction des performances économiques des différents pays ou régions. Par exemple, si l'économie américaine est en difficulté, les marchés émergents ou européens peuvent compenser les pertes.

Rééquilibrage périodique

Le rééquilibrage est un aspect important de la diversification à long terme. En rééquilibrant régulièrement votre portefeuille, vous vous assurez que la répartition de vos actifs reste en ligne avec vos objectifs et votre tolérance au risque. Par exemple, si le marché des actions a particulièrement bien performé, il peut représenter une part plus importante de votre portefeuille que prévu. Rééquilibrer consisterait à vendre une partie de vos actions pour réinvestir dans des obligations ou d'autres actifs plus stables.

7.5 S'adapter aux changements économiques

Même avec une stratégie d'investissement à long terme, il est important de rester attentif aux changements économiques mondiaux et aux innovations technologiques. Les cycles économiques évoluent, et les secteurs en croissance d'aujourd'hui peuvent ne plus être aussi rentables dans dix ou vingt ans.

Comprendre les cycles économiques

Les économies mondiales traversent des cycles de croissance et de récession. En comprenant ces cycles, vous pouvez ajuster votre portefeuille de manière proactive, sans céder à la panique. Par exemple, en période de récession, vous pourriez vouloir renforcer votre position en actifs sûrs comme les obligations ou l'or, tandis que pendant les périodes de croissance économique, vous pourriez augmenter votre exposition aux actions.

S'adapter aux innovations technologiques

Les innovations technologiques transforment continuellement les industries et les marchés. Des secteurs comme la technologie, les énergies renouvelables, la blockchain, et les biotechnologies représentent des opportunités d'investissement à long terme. Cependant, il est important de bien étudier ces secteurs pour comprendre leur potentiel et leurs risques avant d'investir.

Conclusion

Développer une mentalité d'investisseur à long terme est l'une des meilleures approches pour assurer votre succès financier durable. En adoptant la patience, la discipline, la gestion des émotions, et en diversifiant vos investissements, vous vous donnerez les meilleures chances de naviguer dans les hauts et les bas du marché tout en restant concentré sur vos objectifs à long terme.

Ce chapitre conclut le livre, qui vous a guidé à travers les bases de la création de richesse, les investissements traditionnels, les nouvelles formes d'investissement comme les cryptomonnaies, et les stratégies avancées pour maximiser vos gains tout en gérant les risques. L'argent appelle l'argent, mais seulement si vous avez un plan clair, une stratégie bien pensée, et la discipline pour vous y tenir sur le long terme. Que vous investissiez dans l'immobilier, les actions, ou les produits numériques, gardez toujours à l'esprit que la clé du succès réside dans la constance et la vision à long terme.

www.ingramcontent.com/pod-product-compliance
Lightning Source LLC
Chambersburg PA
CBHW070158230526
45471CB00002B/725